财富脑

通过历史学赚钱

朱国勇◎著

中华工商联合出版社

图书在版编目（CIP）数据

财富脑/朱国勇著. — 北京：中华工商联合出版社，2023.11

ISBN 978-7-5158-3811-3

Ⅰ.①财… Ⅱ.①朱… Ⅲ.①企业管理-财务管理 Ⅳ.①F275

中国国家版本馆CIP数据核字(2023)第219794号

财富脑

作　　者：	朱国勇
出 品 人：	刘　刚
责任编辑：	李　瑛
责任审读：	付德华
责任印制：	陈德松
出版发行：	中华工商联合出版社有限责任公司
印　　刷：	唐山富达印务有限公司
版　　次：	2023年12月第1版
印　　次：	2023年12月第1次印刷
开　　本：	880毫米×1230毫米　1/32
字　　数：	110千字
印　　张：	6.75
书　　号：	ISBN 978-7-5158-3811-3
定　　价：	56.00元

服务热线：010-58301130-0（前台）
销售热线：010-58301132（发行部）
　　　　　010-58302977（网络部）
　　　　　010-58302837（馆配部）
　　　　　010-58302813（团购部）
地址邮编：北京市西城区西环广场A座19-20层，100044
http://www.chgslcbs.cn
投稿热线：010-58302907（总编室）
投稿邮箱：1621239583@qq.com

工商联版图书
版权所有 侵权必究

凡本社图书出现印装质量问题，请与印务部联系。

联系电话：010-58302915

自 序

我为什么要给大家讲赚钱这件事呢？因为我发现我的亲戚朋友中总有一种现象，就是好多人在人生的前二三十年对赚钱没概念，当结婚以后，上有老、下有小，要承担家庭压力了，突然间就想要快速赚钱。但是他们往往缺乏赚钱技能，走了很多弯路。很多亲戚朋友看到我创业成功，赚到了一些钱，就纷纷创业，结果全赔了。我们小时候，父母经常对我们说，只要好好上学就能赚到钱；或者说只要考上好大学，找个好工作，就能赚到钱。但是我们最后发现，好好学习，上了好大学，找了好工作，却还是没赚到钱。整个人彻底迷茫了。

有的人想赚钱却赚不到，就会抱怨自己天生不是赚钱的命；有的人鄙视地说"钱是粪土、钱是阿堵物"；还有些人赚不着钱，却嫉妒赚到钱的人，天天说这个社会是不公平的。

我看到这些现象之后感到特别痛心，因为事实不是这样的，这些都是对赚钱的一种误解，归根结底是大家没有形成正确的财富观。

历史是培养财富观最好的教材

我认为，一个人想看清钱的本质，得从他熟悉的东西着手。这样不管是小朋友还是成年人，都不会有认知隔阂。

于是，我想到了历史，我们可以像讲历史故事一样，告诉大家什么才是正确的财富观。

我们可以将历史上的一个朝代比作一家公司。一个朝代的覆灭，很重要的一个原因是它的现金流枯竭了，发不出军饷，发不出俸禄。但经济崩溃的原因有很多种，我们要综合分析政治制度、经济制度等。通过学习历史，我们就能从多维度进行分析。

有些道理，小到个人赚钱、家庭财产，大到公司管理、国家治理，都是相通的。区别于以往我们认知中的历史，这种通过经济的角度、财富的角度看一个朝代的形态，能让我们从熟悉的历史中学会正确的财富观。

持续赚钱是最难的

我创业 30 年，虽然我的公司并没有做到很大，但是在每个周期我都赚钱了。而我周围的好多人，赚钱都是一阵一阵的，有些人短时间内赚到很多钱，很快又赔进去了，之后很难再翻身。

我也在总结，为什么我在各个周期都赚到钱，这件事可以被学习、被复制吗？答案是可以。原因有两个：一是我善于学习。我每天坚持读书，也喜欢与成功人士交流，碰上新事物，总想把它研究明白，弄懂基本逻辑，就这样不断学习，不断更新自己的知识。二是我能长期坚持。我不是非常聪明的那类人，上学时成绩基本在班里前十左右，动手能力也特别差，但是我在做事上愿意坚持，不断改进。在北京，非公企业的平均寿命是非常短的，而我的公司到现在已经成立 17 年了。我不是没遇到过困难，事实上我经常遇到各种问题，一会儿缺人了，一会儿缺货了，一会儿缺钱了，但我总是出现问题就解决问题，坚持并不断改进。

如何看待财富

那我们应该如何看待财富呢？我认为财富是中性的，没有好坏之分，我们不要仰视它或者鄙视它，跟刀一样，它既能救人也能杀人。我们大多数人之所以会谈钱色变，就是因为有人把它看得极好，有的把它看得极坏，甚至把赚钱与变坏两件事联系到了一起，这就是我们对财富观的认知存在偏差的地方。

我认为财富代表一种能量，我们要想持续获取财富首先要做到厚德载物。你要想获得它，就得有承载它的工具，如果承载不了它，就会被它压垮了。所以，我们一定要注重对自我能量的提升。在赚钱的过程中，我们要持续修身，这样赚钱才是一件安全稳妥的事。

如何留住财富

我们要学会和财富相处。财富是社会的一个组成部分，我们跟财富和平相处，财富才能滋养我们，否则很多人一有钱马上就会被金钱腐蚀。所以我们要建立起自然、社会与自己的和谐关系，才是一个健康的人。

一个家庭的财富观也特别重要。很多人确实赚到钱了，但家庭荒废了，子女教育没做好，结果培养出败家子，这样无论赚多少钱最终都留不住，这就相当于害了孩子。所以，一个家庭要有正确的财富传承观念。历史上很多名门望族都有自己的家训，而家训实际上就是文化的载体，如果没有这种文化，这个家庭不管有多少钱，最终可能都会"富不过三代"，甚至贻祸子孙。

所以，怎么能把家庭财富传承下去，这也是一门学问。我希望在这本书里把这部分内容给大家讲清楚。

时代变迁与财富积累

虽然古往今来创造财富的规律是一样的，但不同历史条件下创造财富的规则却是不同的。例如古代农业社会发展变化很慢，一年四季规律明确，只要按照天时耕作就行。今天我们已经进入工业化和信息化时代，社会发展变化的速度是非常快的，商业上的一些决策也跟以前不太一样，这就需要我们掌握更多的信息和知识，来完成对世界的理解和认知。

创造财富的方法

其实赚钱是有方法的，各行各业都有赚钱的规律。很多人没摸着规律赔钱了，就说这个行业不赚钱，而事实上，这个行业赚到钱的人也不少。赚钱是一门学问,有科学的可复制的方法,也就是所谓的规律。这样的规律大家是可以去复制的。我把我这几十年的商业实践进行汇总，总结出赚钱四步法，具体如下：

第一，搜集信息。

第二，快速行动。

第三，自我迭代。

第四，风险把控。

信息搜集。你要能对多元信息进行判断，就像巴菲特先生的合作伙伴查理·芒格，他被称为"行走的图书馆"，对各类知识都有涉猎。普通人看一只股票会不会涨，大多只看一个维度，觉得能涨就下手了，结果往往赔得很惨。而查理·芒格会在更多维度进行判断，这样的决策就会准确很多。所以，当我们做判断时，就需要从企业产品、管理风格、市场竞争、社会环境等不同的角度综合评估，这样的判断就会准确很多。

快速行动。因为信息是有时效性的，往往过了某个时间点信息就过时了。所以，行动力对企业家能否成功也非常重要，好多人就失败在这点上。

不断迭代。我们总是注视大浪淘沙后，以胜利者姿态出现的那些企业，却没看到被淘汰的那些更多的企业，它们其实才是企业发展的常态。

企业家搞创新的风险是特别大的。剩下来的企业家大都能通过自我迭代，不断去变化，不断适应环境。好多人虽然一直坚持，其实他已经落伍了。环境变了，他还用那套旧方法经营公司，一定是失败的。正所谓"拿着旧地图，找不到新大陆"，所以一定要自我更新。

　　风险把控。一提到赚钱，大家就会和风险挂钩，觉得冒险的事不能干。其实风险是有两面性的，商业风险越高，回报往往也越高，关键是怎么控制风险。

　　这四步法我自己实践了 30 多年，特别有用，我非常想把它写出来，让更多人对创造财富有一个客观的认知，并且能真正了解财富的本质，获得科学的可复制的方法，所以就有了这本书。

　　在这本书中，我希望能给大家带来不同的财富观，也想用我 30 多年的商业实战经历，给大家的创富之路带来帮助。

Contents
目录

第一章 文化是财富的芯片

第一节 财富与文化的关系 / 002
第二节 财富载体的变化 / 006
第三节 文明中的财富基因 / 011
第四节 财富游戏的隐藏规则 / 030

第二章 历史是财富的游戏场

第一节 财富与历史的关系 / 056
第二节 夏朝的制胜逻辑 / 059
第三节 商朝"核心竞争力"的得与失 / 064
第四节 周朝的启示：保持相对优势 / 067
第五节 秦灭六国的优势 / 073
第六节 项羽为什么只能称霸王 / 080
第七节 汉朝和匈奴的差距在哪里 / 085
第八节 汉朝豪族"套路"的本质 / 089
第九节 三国"创业史" / 094
第十节 两晋南北朝时期的"人才落户" / 099

001

第十一节　隋朝的"短命"与"远见" / 106
第十二节　唐代藩镇之乱的起因 / 111
第十三节　宋朝到底富不富 / 116
第十四节　元朝崩溃于原生制度 / 120
第十五节　明朝人口大爆炸与"光合作用" / 126
第十六节　清朝的转型失败 / 132

第三章　时代是财富的加速器

第一节　文艺复兴：文化的"超能力" / 138
第二节　大航海中先行者启示 / 141
第三节　大航海：霸主是怎样获取财富的 / 147
第四节　工业革命为什么发生在英国 / 155

第四章　洞察是财富的基本功

第一节　解读哈布斯堡王朝——联姻 / 160
第二节　解读美第奇家族——影响力 / 163
第三节　解读罗斯柴尔德家族——信息 / 167
第四节　解读洛克菲勒家族——风险 / 172
第五节　解读卡内基——人才 / 176

第六节　解读沈万三——链接 / 180

第七节　解读胡雪岩——眼光 / 184

第八节　解读伍秉鉴——人性 / 188

第九节　解读张謇——责任 / 194

第一章

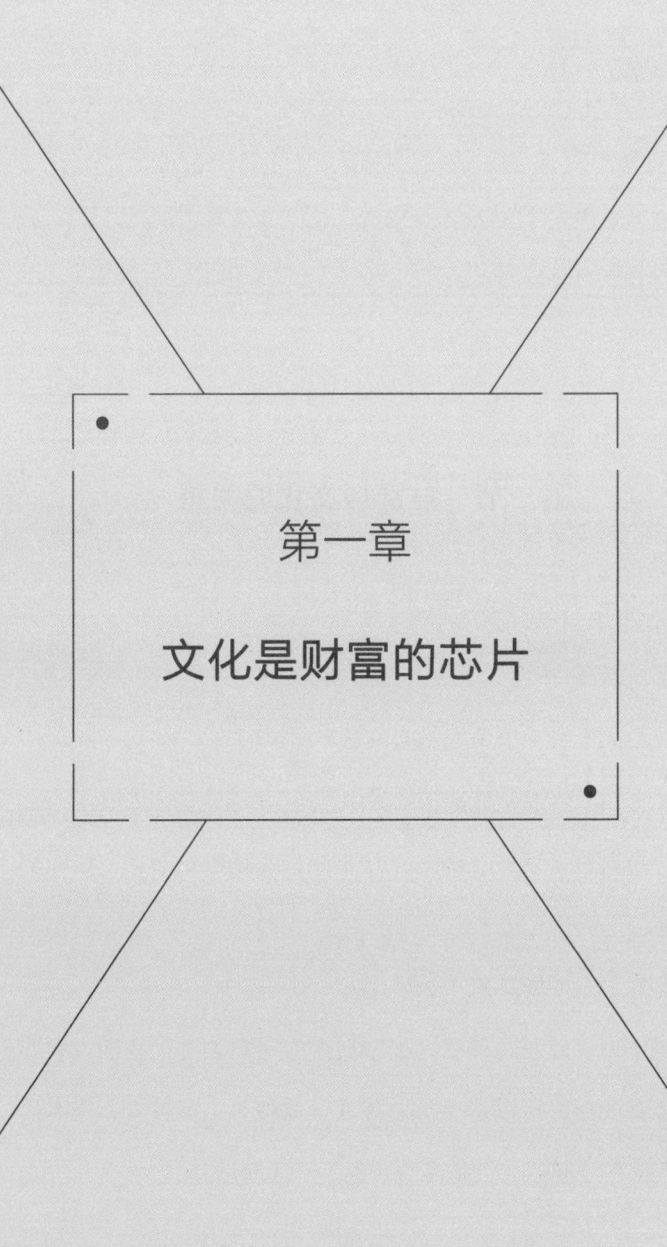

文化是财富的芯片

第一节　财富与文化的关系

要讲财富，就要先了解人的活动方式和由此形成的各种文化。

我给大家讲一个美国黑人出租车司机的故事。

一个白人母亲带着孩子乘坐出租车，出租车司机是个黑人。

小孩就问妈妈："妈妈，开车的叔叔是黑皮肤的，跟我们不一样。"

妈妈怎么回答这孩子的？

妈妈说："是这样的，上帝造人的时候为了让我们人类的生活丰富多彩，所以造出了白种人、黑种人、黄种人，但本质上我们都是一样的，只是皮肤颜色不一样而已。"

到站之后，黑人司机谢绝了孩子妈妈给的钱。他说："你今天说的话让我太感动了。"

的确，我们不能以种族、肤色去区分人。我们现在区分人，要看他的文化属性。

文化是人和人区分最重要的一个标签。

文化包括什么？

它实际上是一种生活方式，这里面包括宗教信仰、生活习俗、价值观念等。

我们想赚客户的钱，一定是基于对这些事情的了解（他把什么当回事，什么对他来说无所谓）。了解客户的这些习性之后才容易赚到钱。

人类的发展是一个进化的过程，而财富也是需要进化的。

农业社会的时候，土地是最好的财富；工业时代的时候，财富的载体就发生了变化。今天已经是信息化时代。在信息化时代，什么东西变得更重要了？影响力。

大家看现在的世界首富马斯克，他是一个"超人"。以前我们常说做人要低调，不能露富，而到了今天，像马斯克这样的人，最爱做的事就是演讲、发推特。他们为什么要这么做？制造影响力。有了影响力，他们就可以让公司的股价翻番，让更多的资源汇集到一起。

所以在今天这个信息化社会，影响力就成为财富的重要载体。大家看到某些直播网红一天能卖几亿元，这说明什么呢？说明现在谁的影响力变现能力强，谁就能创造更多的财富。当下，不管是大企业家，还是个体户，都在追求个人影响力。

随着时代的变迁，可以看到财富的承载形式是在一点点演进变化的。有些东西以前可能并不值钱，但随着时间的演变，它开始变得值钱起来。比如一堆鸟粪，大家以前觉得是垃圾，不愿意花钱处理它，但今天大家希望自己吃的蔬菜水果都是有机的，而鸟粪不仅是有机肥，而且含氮磷钾，还有一些对人体有益的微量元素。所以，今天它已经变废为宝了。

因此，那些曾经不太重要的东西、技术或者认知，经过时间的推移，达到一个新阶段的时候，就会显现出更大的价值。

财富跟人类的进化是一样的，都是不断升级的过程。当你弄清楚了这个过程，你就能知道下一波财富流向哪儿。比如，我们现在进入到 AI 时代，我们未来的很多资产已经不在实体空间，而是进入虚拟空间了，虚拟空间的资产比以前的价值要大很多倍，人类的生活方式也会因此发生变化。

现在很多年轻人都喜欢宅，以前的人为什么不喜欢？因为宅在家里没有什么事可做，而今天的"宅"并不意味着在家待着什么也不做，而是把更多的精力放在互联网上，这里有另外一个精彩的世界。

现在很多家长理解不了为什么年轻人上网打游戏会上瘾。因为在那个世界里面，他的体验感更好，他可以在那里当"国王"，当"酋长"，或者成为一个"魔王"。而在现实世界中，他有很多东西实现不了，所以他愿意把现实世界中的钱换到虚拟世界中去花。现在我们就能理解为什么有些人挣很少的钱，却愿意打赏某一个网红了吧？因为在现实世界中，他是不成功的，而到了虚拟世界里面，他就有可能获得精神上的成功。

人的底层需求是生存，高层需求是精神。自我实现到一定阶段之后，人类的消费取向会更多偏向精神层面，所以人类的投资方向也会发生很大变化。

我们以前总是把人类的发展和财富的变化两件事割裂来看，所以很多人觉得赚钱太难，找不着规律，太难琢磨。现在，只要找到这两件事之间的规律，赚钱就不难了。

第二节 财富载体的变化

首先需要强调的是，文明是人类和动物的重要区别之一，具体就体现在对火的使用上。

关于火，在古希腊神话里有这样一则故事。宙斯是宇宙之神，他想创造动物和人类。当时有两个神，一个叫厄庇墨透斯（古希腊神话中最愚笨的神之一），另一个叫普罗米修斯，他俩是兄弟。厄庇墨透斯先被派下来创造了动物，并赋予它们力量、速度等良好的本能。等到普罗米修斯塑造人类的时候，赋予动物的这些能力已经不能再重复给人类。善良的普罗米修斯觉得，动物既有力量又有速度，人类就容易被动物吃掉，能不能赋予人类一项特殊的本领呢？

他想，天上有火，于是就把火种偷下来给予人类，人类可以用火取暖、做饭，还可以驱赶猛兽，所以人和动物就区别开了。

人类有了火之后，与动物的差别越来越大，从此人类文明飞速发展。

宙斯为此很不高兴。他认为，火是神才能拥有的东西，竟然被人类所获取，所以必须惩罚人类。首先，他把神女潘多拉（古希腊神话中赫菲斯托斯用黏土做成的第一个女人）派往人间，潘多拉随身带了一个盒子，这盒子被打开之后就出现了灾难、瘟疫和战争。所以，人类不仅有了火，其他威胁人类生存的东西也随之而来。然后，他把普罗米修斯挂在山崖上，让老鹰啄他的肝脏，以示惩戒。

在古希腊神话中，人类和动物的区别在于能否使用火。这是文明的一个标志，并且这种差别会随着人类文明的发展越来越大。

人类用火可以制造出很多工具，比如说青铜器、铁器等都是通过矿石冶炼出来的。今天的热兵器也通过火来完成，甚至飞往外太空的运载火箭，也是氢能通过燃烧变成一种热能实现的。

　　人类一旦有了火这种生产工具，劳动成果就逐渐有了剩余，产生了所谓的剩余财富。那财富最早是由谁来分配呢？大都是由头领来分配的，所以部落酋长就变成了当时地区的实际控制者，以后便逐渐演化成皇帝。所以说，如果没有文明的存在，财富就不会有聚集效应。

　　文明是创造财富的一个前提。

　　在文化中，中西方对财富的认知不一样。比如在东方文化里面，人们对玉赋予了特殊的意义，玉代表君子。谦谦君子、温润如玉，就是形容人像玉一样温和柔润。玉在这种文化里面有其特殊的意义。而对西方人来说，玉就是石头，不值钱。

　　印度有很多紫檀树，它的密度很大，能沉于水底，东方人很喜欢，一套紫檀家具甚至能卖上千万。而西方人喜欢亮丽的颜色，他们不喜欢这些。

　　这就是文化差异。

　　对东西方文化了解之后，获取财富才变得容易。

消费也是一种文化，而这种文化是可以被创造的。

比如大家了解的钻石。在发现钻石值钱之前，其实它并不稀有，全球储量还挺大。然而经过商业包装，变成了爱情的一种象征，它就变得很值钱，比如众所周知的那句广告语："钻石恒久远，一颗永流传。"

在结婚时，看一个男主人公对女主人公好不好，就看他能送多少克拉的钻石，它代表爱情的纯洁度。

实际上，这是一个骗了大家200年的故事。

古代没有钻石的时候，爱情的信物是什么呢？送粮食、黄金饰品。但在今天，一旦我们强调爱情，其他东西都不纯粹，只有钻石是最纯粹的，因为它能"永流传"，它就是围绕消费文化制造财富的载体。

这个模式可不可以再去复制？

其实还是有机会的，比如说茅台酒，它也是人们造出来的一个奢侈品。

茅台酒的历史也不是很长，今天它已经变成了一种社交货币。请客吃饭的时候，你对客户好不好，这顿饭吃得有没有面子，不在于吃什么菜，而在于喝什么酒。

很多人会囤茅台等升值，跟钻石的效应是一样的。

为什么会有这种消费文化现象？就是因为一部分人对它们产生了信仰，认为它们有价值。这就跟400年前荷兰的郁金香是一样的，它们本身没有太大的使用价值，但信仰改变了一切。

在未来的生活领域中，"Z世代"之后出生的年轻人在虚拟空间的时间会变得越来越长，所以未来虚拟世界里面的资产也会更多。

人类的生存空间，从刀耕火种到工业化，再到信息化，这种文化是不断被创造出来的。

那么，怎样来制造文化的流行趋势呢？

你要懂现在的年轻人，一旦你能创造出来大家所认可的东西，它就有了一份公共价值。

所以，未来谁能获取更多的财富，我觉得这要取决于谁能创造出一种新的流行文化，而且这种文化被大家所共同认可。

这就是文化的价值。

第三节 文明中的财富基因

一、埃及金字塔的商业启示

埃及的西边是撒哈拉沙漠,东边是红海,南部有一些高原,北部隔地中海与欧洲相望,东北方向跟亚洲相连。

正如所有的古文明都需要大江大河来孕育,埃及正好有尼罗河冲积出的三角洲,土地特别肥沃,古埃及人在这里生活了几千年,并建了金字塔、神庙等一系列宏伟建筑。

古埃及从公元前31世纪那尔迈统一上下埃及,到公元前30年托勒密王朝覆灭,经历了3000余年。我们之前说过,获取财富先要了解文化。虽然古埃及已经消亡了,但我们仍能从金字塔、木乃伊中寻找古埃及的踪迹。

古埃及人的文化跟我们有什么不同呢?古希腊历史学家希罗多德曾说过,埃及人比世界上任何一个民族都要虔诚。他们是多神崇拜,信奉的各类神灵加起来有2000多位。这些神灵大部分都是人和动物的组合。

为什么古埃及文明后来消失了?

这跟它的地理位置有直接关系。

虽然它的南边有高原、山地,西边有沙漠,但是它的东北部分,有西奈半岛跟亚洲相连。伴随着历史上先后崛起的亚述帝国、波斯帝国,每一次帝国的崛起都会发起一次进攻,到埃及去抢粮食。

埃及是整个地中海地区最大的粮仓,土地非常肥沃,在后期经常遭受侵略和占领,所以古埃及的文明最终逐渐消失了。

我们通过讲述古埃及文明兴衰的变化过程,想要说明什么呢?

那就是,无论是一家企业,还是一个项目,如果没有"护城河",即使业务做得很大,也很容易瞬间崩塌。

在奴隶制农耕社会,我们可以把尼罗河三角洲地区看成一个非常大的IP,它的资源非常丰富,能够种植大量的农作物。因为当时还没有铁器,古埃及人都是在河床周边耕种,都是使用石器,所以不能去开垦原始森林,只能在土地比较松软的冲击平原地区耕作。这样的生产力适合古埃及人早期的耕作环境。当有了私有财产，产生了剩余价值后，他们该怎么去保卫这些东西呢？金字塔不像中国的万里长城有保卫土地和财产的军事价值，它只能保卫灵魂，法老不想死后被别人打扰，但事实上这个愿望最终也没有实现。

所以我们看一个公司，就如同巴菲特所言，首先是看赛道，看这个赛道够不够大，农业赛道当时就是个大赛道；第二看有没有"护城河"。古埃及人的护城河，对埃及周围强敌来说不够高，没有真正的天险可守，其他崛起的军事强国都会去埃及劫掠。因此，它的文明很快就消失了。

所以我们今天做生意，不仅要考虑这个生意规模能做多大，还要考虑"护城河"有多宽。

国内曾有很多不错的加盟项目，例如黄焖鸡、掉渣烧饼等，在全国加盟店都有好几千家，早期生意很火爆，后期很快就凋零了。为什么呢？

这跟古埃及文明的兴衰历程很像。虽然文明起源很早，赛道很大，但没有护城河，门槛太低，大家都可以去竞争，谁都能进来，最终导致这个行业很快就衰落了。

举一个相反的例子。同样做餐饮的肯德基、麦当劳，它们进入中国是比较早的，进入中国后也都采取加盟连锁的方式，但是加盟费很高，有的高达500万元。

在20世纪90年代的中国，这笔加盟费简直是一笔巨款，一般的企业老板是负担不起的，这个"护城河"建得就很高。

2022年我国餐饮行业收入达4.39万亿元，当年中国的GDP为121.02万亿元，仅餐饮业就占约3.6%。但是，餐饮行业的特点是小、散、乱，全国总计约有近844万家餐饮门店，总量太大了，所以很多人觉得开饭店比较容易上手，但其实很容易失手，守不住。因为你做的事情，别人也容易复制，跟你干的一样。

而麦当劳、肯德基500万元的加盟费，就为这个赛道修了很高的"护城河"，做生意才能获取长期的商业利润。

通过讲古埃及文明，我希望给大家这样的启发：有时候，我们在一些领域生意确实做得很早，但如果一直没有建立起自己的"护城河"，生意慢慢就会被别人抢走。

20世纪80年代初期,我有个亲戚在做干货生意,起步特别早,当年是万元户;现在他们还是在农贸市场做干货生意,却越做越小了。

为什么会变成这样?

这个行业没有护城河,谁都能干,他们在很早挣钱的时候,就应该给自己的产业升级,建立护城河。

很多创业的朋友,现在生意可能还可以,但你要居安思危,早点把你行业的护城河给建起来,将来就不会出现类似的悲剧了。

二、希腊神话对商业的影响

我们的课本里面经常提到四大文明古国,即古巴比伦、古埃及、古印度和中国。

那为什么没有古希腊文明呢?

因为古希腊文明有两个特点:

第一,它缺少原创性。希腊的文字等是基于其他古文明的基础上建立的，它的时间不像其他几个古文明源远流长。到现在为止，古希腊文明还不到3000年。

第二，古希腊文明是商业文明，其他四大古文明是农业文明。

但是古希腊文明又很重要，整个西方文化的根就在古希腊。例如，美国人就强调他们的文化不是来自英国文化，而是从古希腊文化中诞生出来的。

希腊位于地中海沿岸。"地中海"这个概念是怎么来的呢？

当时的希腊人认为自己是地球的中心，所看到的这片广阔海域处于世界的最中间，所以将其称作"地中海"。当时在地中海周边存在很多城邦制的国家，这些所谓的城邦国家的人口一般很少，有些城市（镇）最多只有几万人。

在当时，希腊是一个地区概念，而非一个国家，它包含雅典、斯巴达、马其顿等城邦制国家。某些所谓的城邦国家的面积，比今天的新加坡还要小很多。

雅典这个城邦国家山地多、平原少，不适合种庄稼，但适合栽培葡萄、橄榄等经济作物。葡萄和橄榄如果是直接吃，创造不了什么经济价值。所以，古希腊人把它们变成葡萄酒、橄榄油，将这些经济作物变为商品，然后拿着这些商品到地中海沿线去做贸易，这是当时古希腊人的一种生存方式。

因为可以做贸易，所以古希腊人对土地的依赖性没那么强。

之前我们讲过古埃及文明。古埃及文明是以农业为主，尼罗河冲出了尼罗河三角洲，人们在它的周边种植粮食作物。在种粮食的过程中，就会受到自然界的影响，农业生产充满了不确定性，因此古埃及人对很多神都特别敬畏，人都是匍匐在神的面前。

而在古希腊文明里，虽然也有很多"神"以及神庙，但是"神"的价值没有像农业社会那么重要，因为这些所谓的"神"左右不了古希腊人的基本生存。即使他们缺乏粮食，也可以跟其他人去交换，通过贸易来获得。

例如，希腊神话里面的"神"都是有一些缺点的，包含人性的贪婪、懒惰和好色，这些从宙斯、阿波罗等神的身上都能看出来。

所以这是古希腊文明中很重要的文化特色。

基于这样的文化特点，古希腊人的独立思考精神、勇于对抗自然的价值就凸显出来了。在奴隶制城邦时代,古希腊开创了民主政治制度,后来又出现了亚里士多德、柏拉图、苏格拉底等大哲学家。

古希腊的民主政治制度来自古希腊人的生产生活方式。由于人口规模比较小,有些城邦国家的人口总量(特指公民)在1万人以内。这些人在一个大广场就站得下,所以涉及投票、选举等内部重大事项的时候,很多人就共同来决定,而不是由某一个人来决定。

那么,我们从古希腊文明里能学到什么呢?

古希腊人善于经商,他们的优点就是人格独立,坚信人和神是平等的,他们敢于挑战权威,有冒险精神。在农耕社会里,人们对长辈是非常尊敬的,因为他们经验丰富,对于春种、夏耘、秋收、冬藏都很擅长;在商业社会里,人们对权威缺乏尊重,他们开始向神权发起挑战,向长辈发起挑战,敢于冒险的人反而可能获得收益。这跟我们今天的创业思维也是一样的。

比如在拼多多之前,中国的电商舞台有了京东、淘宝、唯品会,已经很稳定了,但是拼多多又杀出一条道来,通过拼团模式、游戏模式，玩成一个新的电商。它利用了什么？就是我国日趋完善的交通基础设施，填补农村和三、四线城市电商的机会。还有私域流量的优势，普通人通过发朋友圈、拼团的模式，使得买东西越来越便宜。

拼多多这个公司完全是新生力量，但是它敢于挑战权威，并且它成功了。

农夫山泉这个品牌在涉足国内瓶装水市场之前，瓶装水市场已经很成熟，乐百氏、娃哈哈、康师傅等占据了极大市场份额，娃哈哈老板宗庆后甚至曾三次成为中国首富。那么，这三家企业主打的是什么呢？纯净水。

农夫山泉老板觉得纯净水有缺点，但该怎么把这个三足鼎立的局面打破呢？

他们开始做水的实验。他们先将植物放在纯净水里面，发现植物长得很慢，而放在矿泉水里面却长得很快。他们又拿动物做实验，用喝纯净水的小老鼠与喝矿泉水的小老鼠对比，于是，他们就开始宣传，农夫山泉矿泉水有丰富的营养。

在这个过程中，农夫山泉在"三大权威"的夹缝中杀出一条生路，成了国内第一大瓶装水品牌。

农夫山泉成功的原因是什么？其中之一便是不惧权威。

商业每发展到一个阶段，都会有一些后生可畏的新人杀出来。如果认为权威不可撼动，这个生意就没法做了。所以，在商业社会，一定得学习古希腊人敢于挑战权威的胆魄和思维。

还有一点是什么呢？时机很重要。

好多人总是想等到万事俱备了，才敢去创业。其实往往等到什么都有的时候，时机已经消失了。

腾讯创业的历程很有意思。腾讯的任何一个产品都是在还不够完美时就上市的。互联网思维就是这样，如果当年的微信等到什么缺点都没有了再面世，可能就被米聊干掉了。

所以在商场上，谁先抢占市场，谁就能占据优势，而产品可以在后期的发展中不断升级迭代。

在这个过程中，一旦大多数人都使用了先来者的产品，后来的人就没有机会了。在这一点上，网络效应特别明显。

总而言之，希腊神话故事告诉我们两个要点：第一，要敢于挑战权威；第二，不要等所有条件都成熟再行动，一定要快速抢占商机，这是商业社会中一个非常重要的逻辑。

三、古巴比伦文明的商业警示

大家知道古巴比伦文明属于两河文明（又称美索不达米亚文明）的重要组成部分。两河指的是幼发拉底河和底格里斯河。

古人类从东非大草原走出来，一路通过北非埃及，从非洲东北角的西奈半岛，进入了两河流域。因为人类早期的农业生产活动，必须要在水边才能生存。

最好的地方是什么呢？是河流冲积出来的平原。比如古埃及文明就在尼罗河三角洲平原发展壮大。而在两河流域，也冲出来一个三角洲，苏美尔人在河口三角洲创建了人类历史上已知最早的文明之一。

所谓的文明，就要有文字。考古人员发现当时有楔形文字，而且有账本。这账本不是记在纸上的，而是在泥板上，是当时的人们用削尖了的芦苇，在没有干的泥板上直接记录的。记录内容是交易的价格，甚至借钱的利息。

这说明当时的苏美尔文明已经达到一定高度了。

为什么这么判断?因为农业生产只有产生了大量剩余,大家才会去交易,而且交易之后它还有了所谓的金融产品。当时可能还没有所谓的货币,但已经出现了记账。

记账其实跟货币是一样的,今天你给我一斗米,明天我可能给你一只鸡,甚至后来还发明了利息。这说明当时的商业社会已经发展到一定程度了。

在之后,古巴比伦文明继承并发扬了苏美尔文明,并有了著名的规范人们行为的《汉谟拉比法典》。

此时文明已经发展到一定程度了,既有商业,又有农业,还有法律,但古巴比伦为何突然消失了?

它是被一个叫亚述的帝国给消灭了。

我们看到古罗马神话中出现一个半人半马的形象。大家以为这是个怪物,其实半人半马就是亚述帝国士兵的形象。

因为这是一次落后打败了先进的过程。

当时的古巴比伦人更多的还是以青铜器作为兵器,铁器比较少。而在亚述帝国,铁器大量普及,对敌人有更高的杀伤力。

而且，当时古巴比伦人的作战方式主要是以步兵为主，效率比较低的，而亚述帝国出现了马匹，因为他们是游牧民族出身，特别擅长骑兵作战。

在冷兵器时代，有了弓箭，骑兵既有冲击力，又有速度。虽然他们的生产力比较落后，但战斗力是世界一流的。所以亚述帝国就把古巴比伦彻底征服了。

回到商业上，古巴比伦文明带给我们的警示是什么？那就是你一定要有自己的独特能力。

就像在互联网上曾经爆火的农村女孩李子柒、留守青年张同学等，利用人们对田园生活和农村生活的向往，走出一条打造个人IP的道路，一下子获得了大量的粉丝，收获了巨大的个人影响力。

所以，未来在商业上，不管是个人，还是企业，都要有颠覆性的创新，把自己的优点发挥到极至。

我们看到很多所谓的大公司，比如说《财富》世界500强企业或中国的互联网巨头BAT（百度、阿里巴巴、腾讯），觉得这些公司好像特别强大，不可战胜。但在这些行业里面，经常会有一些不太起眼的公司把那些大公司打得人仰马翻，比如字节跳动。

字节跳动刚刚出现的时候，大家都把它当成一家小公司。因为这些年轻的创业者没有任何大的资本支持，而且做的事也不是很起眼，只是做了很多App出来，至于怎么用，怎么变现，早期也不知道，但大家逐渐发现这个方向好像对了。

在互联网时代，百度早期是互联网之王，掌握着国内搜索引擎的绝对话语权；但在移动互联网时代，大家经常用手机，而不用电脑搜索了，App的重要性就突显出来。

App之间相互是信息孤岛，PC时代常用的爬虫技术在移动互联网时代的App上是爬不到信息的，百度爬虫在App端就不好使了，所以搜索的信息量就特别少。

而对于号称"App工厂"的字节跳动来说，它在这方面就有新的优势。虽然它一开始不知道干什么用，但它创建了一个所谓的信息流平台，叫"今日头条"。结果这个产品一出现，大家就不用再去搜信息了。以前是我们找信息，现在变成了信息找人。

一个民办的小公司在互联网行业野蛮生长，近十年来它的收入已经超过了BAT中的百度，现在已经跟阿里、腾讯的市值旗鼓相当了。

这就好比古巴比伦人还用长矛和盾牌打仗的时候，亚述人发现了一种新的技术，用骑兵作战，将对方快速击败。

胜者使用的是一种生产力的创新，能够对原有的经济格局产生颠覆性影响。

今天我们看到的很多变现模式，并不是在主流行业里面赚的大钱。正如我们经常所说的，颠覆微信的一定是微信以外的平台。

因此，我们要创业，不要只想着去模仿谁，而是一定要从另外一个维度上去搞边缘式创新或者颠覆性创新，这样才有可能异军突起。

四、古印度文明的创业警示

聊印度的时候，先要看印度的结构。

我们通常称印度所在的地区为"南亚次大陆"。为什么呢？因为这片陆地三面环海，一面环山。从环山这个角度来讲，一个是喜马拉雅山脉，另一个是兴都库什山脉。开伯尔山口是兴都库什山脉最大和最重要的山口，这个山口比较窄，最窄处只有几百米，一年四季都会过人，一旦大部队穿过山口之后，一下就能铺开。

历史上比较强大的王朝像波斯帝国、马其顿王国等都曾通过这个山口，统治过印度河流域。

所以我们看，周边任何一个王国强大了，都要去印度"揩点油"。经历过这么多王朝的侵占，印度的文化也出现了很强的杂揉现象。

历史上由印度人统治的中央王朝就两个：一个是孔雀王朝，另一个是笈多王朝。

整个南亚次大陆大多数时候都是由分散的邦组成。由于没有一个强有力的中央政府，所以在防守的问题上，印度一直很弱。

种姓制度是雅利安人占领印度后创立的社会制度，把人分成了婆罗门、刹帝利、吠舍和首陀罗四种。

婆罗门是祭司阶层。种姓被固定下来后,婆罗门在社会中的地位是最崇高的。刹帝利是国王和武士,虽然有兵权,但是社会地位没有祭司人群高。吠舍是工商业者,首陀罗就是奴隶。

种姓制度其实是对人性的一种禁锢,这种制度让人处于逆来顺受的状态,没有反抗精神,没有国家意识,没有民族意识,只有种姓意识,所以外来侵略者很容易就把这个地方给统治了。

整个南亚次大陆曾被统一过,但不管是孔雀王朝,还是笈多王朝,时间都不算太长。

如果从创业的角度来讲,我们能从印度人身上学习和借鉴点什么呢?

首先是人得有自信,有上进心,这一点对赚钱非常重要。

在电影《时空穿越者》中,主人公是个失败者,在梦里面他穿越到远古时代,要对抗食人族部落,主人公借助现实世界中的《君主论》《孙子兵法》对抗敌人,最终建立了自己的王国。主人公在现实世界的境况也发生了转变,回到现实世界后解决了自己被长期困扰的问题。

这虽然是部电影,但它说明了自信的重要性。这一点我是非常认同的,因为我小时候家里并不富裕,我的学习成绩也没有哥哥和妹妹好,从小就很缺乏自信。但我考上飞行员后,就找到了自信,很多事敢想了,也敢去做了。

所以,我们想创业,就要打破心理和思维的界限,相信普通人也是可以逆袭的,这是很重要的。

其次,我们要看到阶层固化对印度的影响,因为印度的种姓制度,很多低种姓人没有奋斗的动力。这也是我们经营企业需要预防的问题,尤其是在企业做大之后。比如说家喻户晓、走出国门的老干妈创始人陶华碧到了交班的年龄,直接交给自己的儿子,结果大儿子心思不在这儿,一心搞房地产,最后亏损严重;二儿子为了节省成本,更换了原料,品牌口碑一落千丈。

再看阿里巴巴,马云带着"十八罗汉"创业,做成功后开始吸引更优秀的人加入团队。2007年阿里上市以后,马云与蔡崇信建立起合伙人制度,给十八罗汉分了股份,但免去了他们的职位,让他们从零开始,重新竞聘上岗。所以在学习创业时,看印度历史能让我们学会很多。

五、中华文明的长寿秘诀

很多人不理解,为什么世界的四大文明古国,只有中国能够延续至今。

文明的重要载体是什么呢?文字。我们跟古人用的文字还是一样的,像孔子这样的儒家思想虽然形成于2500年前,但到今天为止,这些思想依然影响着现代人。因此,中国的文化没有断绝,文脉没有断掉。

公司的管理与传承与文明的延续也是相通的。其实我们看一个公司能不能基业长青,就看这个公司的文化。

因此我们说,一流公司靠文化管理,二流公司靠制度管理,三流公司可能就靠摄像头来管理了。

一个企业的文化和一个民族的文化,有很多类似性。这个企业能不能走得更远,就看它的文化基因到底是什么样的。了解了中华民族的文化基因,对我们自身的成长有很大的帮助。

总而言之,获取财富也需要和学习文化、历史相结合,这是非常重要的一件事。

第四节　财富游戏的隐藏规则

一、《货殖列传》心得之一

我之前一直认为我国古代因重农轻商，在财富积累这件事上是没有什么系统理论的，但最近读《史记·货殖列传》，对我的震撼还是很大的。

读完《货殖列传》之后我有一种深切的感受，原来我们的老祖宗在2000多年前就对经商有了一套非常完整的理论体系。

何谓货殖？

货物繁殖。

殖不是今天所说的价值，而是繁殖的意思。货能"下崽"，就叫货殖。司马迁在《史记》里面专门给商人写了一个传记，就是《货殖列传》。

看完《货殖列传》之后，我突然眼前一亮，觉得今天的人需要现代版的《货殖列传》。

我们怎么获取财富？

授人以鱼，不如授人以渔。

汉武帝的时候，需要征集大量的钱财去打仗，那时候对全国富豪开始征财产税，好多富豪都隐匿财产或者逃跑了。

有一个畜牧大户名叫卜式，不仅没跑，还主动捐出一半家产支持国家，当时的皇帝和丞相都没敢要，认为他可能有所图，就说："你先等等，先不要你的。"

第二次打仗真的没钱了，汉武帝把畜牧大户的钱给要来了，但不能白要他的钱，要给他封个官。

他说："我不想当官，我真是为了国家。"

汉武帝说："那不行，我要拿你当案例，给全天下人讲故事，你必须得要个官，你选一个。"

于是，他就选了一个官，专门在上林苑给皇帝养羊。

一年之后，皇帝看他养的羊都特别肥，特别好，问他有什么窍门。

他说养羊这事很简单，知晓一年四季羊会得什么病，把这个问题给解决好就行，什么时候该吃饱，什么时候该遛弯儿，把害群之羊及时干掉，在每件事上掌握规律就成了。然后他说治理国家也应该这样。

其实，每件事都需要洞察规律，种庄稼需要，养羊需要，管理一个企业也需要。

怎么找规律？

《货殖列传》里提到了白圭、子贡，还有陶朱公，他们都有一个共同点，那就是会看星象。比如说太岁星（今天叫木星）在哪个位置，会对应明年的庄稼收成的好坏。每年的庄稼会有旱、有涝或有丰、有减，不同的状态决定了今年应该是收粮食还是收布。

庄稼收成特别好的时候，应该囤积粮食；庄稼不好的时候，就该去卖粮食。大自然状态不一样，会影响供需，供需会影响价格的波动。他们正是利用星象与自然的对应关系，来决定自己接下来要做什么。

通过这件事我们了解到，在古代，有知识的人才能挣到大钱。到了今天的互联网时代，有没有没文化的企业家呢？没有。更多的企业家都是高学历的、知识多元化的，而且特别擅长学习的人，这样的人才能在创业路上取得成功。

有人说，只有这些大行业能挣钱，其他小行业行不行？

其他小行业如磨剪子的、戗菜刀的、贩鱼的、卖肉的，只要满足商业的本质，把一个行业做到极致，也能积累很多财富。

好多地方都是有富豪的，只是富豪所在的行业不一样，有种粮食的，有捣鼓针头线脑的，只要做得好，都能挣到钱。

古人通过看星象找规律，我们现代人通过什么找规律呢？

财富和机遇永远存在于供求关系中。某样东西一旦供大于求了，价格就往下走；供小于求了，价格就往上走。只要你能把这个规律把握好，经商赚钱就跟做游戏没有任何区别。但大多数人都不愿意去研究这个规律，因为他们的信息量比较少，很难捕捉到这种规律。

就以马云为例，他创建阿里巴巴，是因为他掌握了货物流通的一个规律。

货物流通在线下的时候是比较慢的，信息传递也比较慢，在B2B（企业对企业之间的营销关系）交易的时候，如果放到线上去，信息会变快很多，而且会变得对称。

所以最早的时候，阿里巴巴网站建的是一个国际站。国际之间存在极大的信息不对称——某个地方可能有过剩的产能，而另外一个地方可能有巨大的需求。在线下的时候对接起来很难，到线上却很容易。

做生意首先要解决信息问题。

马云知道商人需要信息，就着手解决信息不对称的问题，当信息足够多的时候，就有生意了。所以，马云的第一桶金就来源于他在创建阿里巴巴的时候，把这个规律给研究透了。

《货殖列传》里面提到了一个故事。当年秦灭六国的时候，很多人拼命地去赵国抢财宝。有个人觉得只要一打仗，很多壮丁就去当兵了，没人种田，以后粮食一定是稀缺的，所以他就一门心思去种田，粮食大丰收。很多人抢了珠宝，却没有粮食吃，就变卖珠宝高价换了粮食，所以那个种田的人就成功致富。

其实，市场行为是有周期的。

比如，今天整个采购经理人指数在下降，如果再下降一些，大家开工意愿不足，就都不去买原材料，结果会怎样？东西越来越贵。

越是没有人生产，东西越贵。购买力强，生产量少，下一步是什么？钱就会贬值。

这时候国家可能要多去印钱，刺激经济，刺激生产。这时钱会去哪儿？可能去股市，也可能去楼市。

经济大萧条之后，有钱人往往变得更有钱，穷人却更困难。

为什么会两极分化？

因为有钱人手里面的金融资产本来就多，随着货币增发，金融资产就跟着涨价了。

而穷人呢？他没有金融资产，只有劳动收入，因为不能开工，工资奖金都会减少，购买力就下降了。所以出现了一个消费降级的现象，穷人变得越来越穷。

二、《货殖列传》心得之二

在《货殖列传》里，司马迁曾引用过老子的一句话："至治之极，邻国相望，鸡狗之声相闻，民各甘其食，美其服，安其俗，乐其业，至老死不相往来。"他说："必用此为务，挽近世涂民耳目,则几无行矣。"

太史公对老子所说的"鸡狗相闻,老死不相往来"的自给自足的生活方式是不认可的。

他说即使有过这样的社会,也只可能是在神农氏之前。

可见,太史公认为老子的学说是不现实的。

现实的人应该是什么样呢?

大家都喜欢美色、美食,喜欢炫耀自己的权势,这是人性,所以这是他对人性的一个认知。

那为什么《货殖列传》开篇讲商业,先讲人的生活方式呢?

其实财富往往就存在于大家的生活方式当中。如果你对"什么是美,什么是丑,追求什么,排斥什么"都不了解的话,想挣到钱,难度就太大了。

因此,司马迁上来就给大家正本清源,说不要相信老子给大家讲的"小国寡民"的状态,这种状态在真实世界中是不存在的。

他认为的真实世界是什么样的呢?

自尧舜禹以来,大家的生活方式都是在追求物质上的丰富,视听上的享受，精神上的愉悦，这才是真实的状态。

民意和人性是这样的。对国家管理者来说，应该怎么去做呢？

那就是要顺从民意，要站在老百姓的角度上考虑问题，不要去与民争利。

对于商人来说，应该如何在这个环境中去赚钱呢？要想办法满足大家的欲望。

从古到今，从本质上来说，赚钱就是有关人性的游戏。人性是很难改变的，所以在赚钱这件事上，你要洞察人性。

《货殖列传》第一篇就在讲物产和人的性格，你要知道人们之间相互需要什么物产，你在这个地方到底适不适合经商做生意。

在古代时，商业系统其实就已经很发达了。只要你善于洞察，就能知道每个地域的人的特点，物产是什么，以及人们彼此之间是怎么去交换物产的。

从古至今，人的变化是很慢的。在古代做生意要研究人，在现代做生意还要研究人。

在古代没有航拍技术，没有 GPS，没有汽车，那么这些商人是怎么了解离自己很远的地方生活的人的心理以及他们的性格呢？

《货殖列传》里提到了，白圭认为所有合格的商人首先要有足够多的信息，有足够多的天文地理知识。这是最重要的。

比如说齐国有个地方只产鱼和盐，没有粮食和蔬菜，所以它的粮食和蔬菜的需求量一定很大。而这些物资可能在鲁国就有，如果你能把鲁国的粮食和蔬菜运到齐国去，这就是一桩很好的生意。

因此，作为商人，对于这些最简单的地理信息，你必须得了解。

在古代，做商人还是挺辛苦的，得靠脚去丈量全国各地，要走街串巷卖东西。那时候也没有成熟的旅店，外出经商经常是风餐露宿。所以，当时商人并不是一个安逸的职业。

除了了解信息外，还要会分析信息和情报，这是他们生存的一个基础。

《货殖列传》里不仅描述了当地有什么资源，还描述了当地人的特点。比如有的地方的人爱思考，有的地方的人爱辩论，有的地方的人特别鲁莽。在那个时代，司马迁就总结出了哪些地方盛产勇士，哪些地方盛产谋士。就像明清时期的绍兴就特别盛产师爷。而在古代欧洲，瑞士特别盛产雇佣军，而且这些雇佣军非常忠于自己的主人。因此，罗马教皇常常花高价去瑞士雇佣这些人组建卫队。

从古至今，一方水土养一方人，每个地域的人都有大致相似的性格特点。作为商人，你所了解的这个地域的人的特点也就是这个地域的消费者的特质。比如你做美食行业，那么你就要了解，有的地方的人爱吃咸的，有的地方的人爱吃酸的，有的地方的人爱吃甜的。你需要首先建立起这样的认知，然后再决定到底做什么生意。

三、《货殖列传》心得之三

在《货殖列传》里面，为什么子贡、陶朱公和白圭是司马迁浓墨重彩描写的人？

我们先看一下陶朱公，他的优势是什么？

就是先把钱挣完，再散财。

唐朝大诗人李白的《将进酒》中有这么一句话——"千金散尽还复来"。

陶朱公就是这么做的。他不是散一次，而是散了三次，每次都能东山再起。

纵观我国的市场经济，基本每十年就淘汰一批富豪。20世纪80年代的时候，有很多"万元户"，但这些人在90年代基本就被淘汰了；90年代国企改制，很多国企承包给个人，很多人因此致富；2000年之后，这些乡镇企业家不行了，房地产企业起来了，我们看那时的福布斯排行榜上很多都是房地产企业；2010年之后，互联网发展了十年，互联网新贵成了中国最有钱的人；2020年之后，这些互联网公司老板又大多跌下神坛。

综上，我们可以看出，能够从头赢到尾的人其实是很少的。

为什么陶朱公能被认可？因为他在各个阶段都找到了规律，因此一直都是成功的大商人。而在当代，东山再起的史玉柱，大家把他当成神；曾经的"云南烟王"褚时健，做橙子也很厉害。这两个企业家都是经历谷底后再次回到巅峰的典型代表。

实际上,倒了又能起来的人,从古到今都是比较少的。而陶朱公散完了财还可以从头再来,这不仅是靠运气,更是靠自身具备的一种很稀缺的能力。所以司马迁认为他是中国最厉害的"商圣"。

第二个被提到的是子贡。子贡的例子强调的是什么?

人有了钱之后,往往就会有势(即影响力),有势之后就更容易挣钱。钱和势便有机结合在一起。

子贡坐着高车骏马,跟各个诸侯王交往。诸侯王都把他当成上等宾客,互相交流很多信息,子贡就有了情报,并通过这个情报再去贩卖粮食和武器,他就能挣到更多的钱。

司马迁在《史记》里面特别强调,有钱之后不一定学坏。

我们今天经常说人一有钱就学坏了,但对子贡来说,他在有钱之后变得有势了,从而更高效地传播文化。他也成为孔子身后重要的"赞助商"。

第三个被提到的是白圭。

白圭以前是当过丞相的人，后来他弃官从商。他跟陶朱公有相似的地方，但也有不同之处。不一样的地方在于，他不仅自己经商赚钱，还建立了一个"商学院"，开始收徒弟。

白圭认为商业技巧是通过学习才能获得的，而不仅是靠天赋。他认为商人应该具备四个要素：第一是智，第二是勇，第三是仁，第四是强。

什么是"智"呢？

很多人说"天道酬勤"，对普通人来说，勤奋可以带来小富，但要想将生意做大，必须得有大智慧。大智慧包括什么呢？对很多信息要敏感，对天文、地理、人文这些信息有大量的收集能力。

什么是"勇"呢？

有的人胆小，缺乏勇气，看到了机会却不敢做，在这一点上就淘汰掉了80%的人。所以白圭才说，勇对商人来说非常重要。

什么是"仁"呢？

白圭谈及的"仁"的概念，跟孔子提倡的"仁"的理念有异曲同工之妙。

人有所为，有所不为。君子爱财，取之有道。有的钱能挣，有的钱不能挣，懂得取舍，才称得上"仁"。

什么是"强"呢？

"强"更多强调的是自律的概念。白圭有了钱之后，跟他的伙计同甘苦、共患难，不在吃穿用方面跟伙计形成很大的差距。

当年东北地区有很多农民闯关东，靠勤俭节约过上了好日子。因此，白圭也特别强调，一个伟大的商人，一定要有很强的自律性，要求别人做到的事自己也要能做到。只有具备这样的素质的人，才是可塑之才。

所以，从这几点来看，我觉得白圭堪称中国商业教育的第一人。

无论是陶朱公、子贡，还是白圭，这三个人在中国商业历史上都有可圈可点的地方：

第一，陶朱公不是靠运气，而是靠自身具备的稀缺能力才可以三次东山再起。

第二，子贡利用钱形成影响力，用影响力进行文化传播。

第三，白圭不仅自己赚钱了，还能教别人赚钱，所以他是中国真正意义上的商业教父。

他们三个人都是非常伟大的人物。我们今天照样可以学习他们经商的底层逻辑。

四、《货殖列传》心得之四

《货殖列传》里提到，如果你在这个地方待一年要种谷物，待十年要种树木，待上百年要修德行，有了德行之后，人才、财富会追着你来。

这里面就强调了财富的流动规律。

种树或者种谷物的收益是短期的，只能获得眼前的利。而有了德行之后，财运才会长久。所以，为官经商都需要德行，有德行之后，才会有复利效应。

司马迁说，一个好的商人的盈利空间最好在15%～20%，这说明什么？说明商人不要只追求暴利，也就是说，你这个人德行不错，才会有长久的利益。

万科创始人王石曾说，利润高于25%的项目不会做。做暴利的项目，竞争会很激烈；而做薄利的项目，很多人不愿意干，时间长了就你自己在做，因此你的生意规模会越来越大，反而更容易挣到钱。

这也是一种商业智慧的体现。

经商不仅要有德行，还要有洞察力。司马迁在《货殖列传》里说，他不是特别羡慕那些当官的千户侯，即使这个人有1000户，每人给他交200钱，算下来也就20万钱。而如果一个人通过养牛、养羊、贩卖其他东西，也能获得一些收入。而且不做官，人身还很自由。同时，他强调了当时的生产、消费、流通之间的关系。如果当时的粮食定价每公斤低于20钱，农民种地就亏了，种地的积极性就没有了。而定价超过80钱，东西就不好卖了，商人也挣不着钱。因此，最好的定价区间是20～80钱。这个定价既考虑到了消费者，也考虑到了生产者和商人。

从这里可以看出什么？

司马迁对当时的社会商品调研做得很细致。他对当时人文社会的情况、生产资料的价格、商品的毛利率研究得也很到位。

《货殖列传》里有句话叫"百里不贩樵,千里不贩籴"。为什么?

因为当时的运输成本太高了。柴火实际上就是树木,可以就地取材。当时,中国有大面积没有开发的荒山野岭,如果你这么远去运输它,还不如就地取材更有优势。粮食运到千里之外,消耗的成本已经超过了粮食本身。因此,就不适合远距离运输这种低客单价的东西。

这是司马迁在《货殖列传》里面教给我们的生意经:什么东西适合本地化消费,什么东西有消费半径。

今天的社会同样存在这种情况,比如啤酒。

大家知道白酒放得越久越好,啤酒则是越鲜越好。

某集团搞了一个啤酒品牌,叫"7日鲜",他们把这种啤酒的保质期锁定在 7 天内。过了 7 天,啤酒报废。这种啤酒口感特别好,什么添加剂都不放,因为要保证鲜啤的口味,所以必须在 7 天内卖掉。

由此可见,无论是古代还是现在,很多商品都有自己的销售半径。司马迁对这一点有非常仔细的洞察。在古代，很多东西的买卖是有规律的，到现在，这些规律依然存在。

五、《货殖列传》心得之五

从赚钱的角度看，司马迁认为，农不如工，工不如商。关于"商"，他又告诉大家有哪些可以做，比如养多少猪、贩卖多少羊、酿多少酒、酿多少醋，等等，就连从事这些产业能挣多少钱，他都算得特别细。

他会对比不同行业的利润率，告诉你背后的逻辑。比如从事农业的话，一年顶多是两季，大多数是一季。以一季来说，最终能收回来的钱可能最多也就是成本的十倍，因为这其中会有很多耗损，还有劳动力和田租的成本。如果从事的是手工业，比如做农具或者陶瓷，假设一个月能做出两批产品，一年就能生产24批产品。这24批产品的价值，仅比种粮食一年的收成多出两三倍。如果经商的话，比如早上卖鸡蛋，可能晚上就卖光了，一天就能倒腾一次，那一年大约能倒腾300多次，毛利率可能有 20% ~ 30%，整体算下来，利润是非常高的。

现代农业的附加值依然是比较低的，因为农产品大多是作为原材料来售卖的；而工业品一般都是经过再加工的产成品，但利润上升了很多；比工业利润更高的是服务业，比如金融业就是典型的服务业，在实业基础上是最赚钱的。所以，很多人削尖了头进投资银行，就是因为这个领域利润可观。

从古至今，赚钱行业的排列始终是农不如工，工不如商。

不同行业之间赚钱的速度也是有很大差别的。

《货殖列传》里说，汉朝统一之后，为了防止关东地区的豪强搞暴乱，刘邦将那些豪强和有钱人都聚集到长安来。当这些人聚集过来之后，就产生了一种财富效应，就跟今天的北上广深一样，这里的人口虽远没有占到全国的一半，但财富却占到了。

虽然古代是农业社会，但创造财富不仅需要土地，也需要贸易。《货殖列传》强调的就是这个意思。所以我们从中看到一个逻辑，在古代，相比其他城市，大城市更容易形成巨大的财富，是财富的聚拢地。

2003年,我刚来北京的时候,北京的房价大概是每平方米6000元钱,而当时黑龙江大庆的房子大概是每平方米2000元钱。我当时就说,北京的房子很便宜。跟我一起来的人说我脑子有病。他说:"北京的房价比大庆贵3倍,你怎么还觉得便宜呢?"

我说:"你看同期的美国纽约、日本东京跟它们的三线城市房价相比差了几倍。而且当时美国、日本的一线城市人口数量大概占美国、日本总人口数量的一半。大城市具备良好的人口结构和财富结构。也就是说,未来大城市还要做得更大,北上广的人口吸纳能力会越来越强,人口密度会进一步扩大,房价也会进一步上涨。因为国际上就是这个趋势。"

从古看今,再通过国际对比,你就知道那时候北京的房价很便宜,2003年就应该多买北京的房子。20年之后,北京的房价每平方米将近7万元,而大庆的房价每平方米大概才7000元,房价相差了10倍左右。

从人口迁徙角度来看,所有大城市的人口都是净流入,而中小城市人口大都是净流出。

古代长安是这样,今天的北京、上海、广州、深圳还是这样,大城市吸纳人口的能力强,吸收财富的能力更强。

所以,如果你未来要想创造更多的财富,一定不是在小城市奋斗,而是要在大城市才有机会。

财富的流动规律,人口的流动规律,从古到今、从国外到国内都是一样的。

六、《货殖列传》心得之六

在《货殖列传》里,司马迁说,所有的生意都是围绕人性来做的。

在《货殖列传》里,齐国的大商人刀间特别擅长用奴仆去经商,这就违背了当时的一个常识。当时,所有贵族和有钱人都不愿意请奴仆去经商。他们认为奴仆一旦获得钱财,就很难管理了。因为奴仆出身不好,主人觉得他们往往品行不端,一旦有钱之后,就必然把恶的方面暴露出来,难以管理。

而刀间的做法跟他们正好相反,他给奴仆很好的待遇,让他们骑着高头大马去结交各种权贵,权贵们也给了他的奴仆很多好处，所以他的生意就越做越大。于是当地人都说，宁可到刀间家去当奴仆，也不愿自己去做官，因为他家奴仆的社会地位已经超过了官员的社会地位，大家对此都非常向往。

这说明什么？大商人刀间是特别知人善任的。

在大多数经商者的认知里，一旦买卖做大了，就要雇伙计。如果商人跟伙计之间不能产生很好的信任关系，生意就很难继续扩大。

清朝末年，晋商的常用做法就是从伙计里面培养大掌柜。

最早的伙计跟现代企业里的管培生类似。他们到大掌柜那里，先做学徒，而且在当学徒之前是要有担保人的，担保人确保这个人的品行不能出问题。学徒三年考核合格了，就可以当伙计。伙计干得好，就变成掌柜。当了掌柜之后，可以参与分红，有时候掌柜的分红是非常可观的。

这里面有很好的激励机制，可以让一个人获得成长，实现人生逆袭。

其实这跟刀间做的事一样，他敢于给他的奴仆很好的待遇，敢于放权。

晋商鼎盛时期，他们的买卖好多都已经做到跨国、跨境了，因此，他们需要给自己的大掌柜和伙计很多授权。只有信任他们，才能把生意做大。

生意本身不仅是商人跟顾客之间的连接，还是商人跟伙计、员工之间的连接。懂人性才能挣到大钱。如果你不懂人性，可以信任的圈子很小，什么东西都得亲自去操办，那生意就很难做大。

这对于我们现代人有什么启发呢？那就是要学会信任我们的合伙人，信任我们的员工，要给他们很好的待遇。现在有没有这样的案例呢？也有。比如海底捞的老板张勇，他的员工里有一个女孩，18岁就加入他的团队。当时她负债几十万，张勇不但信任她，让她到海底捞工作，还帮忙还清了所有债务，最后等到海底捞上市的时候，这个女孩已经是海底捞的首席运营官，号称是中国"最牛服务员"。

张勇不仅对她一个人好，对当时大多数出自农村、从事餐饮行业的服务员都是不错的。

我们常说，海底捞的服务别人学不会，因为这个核心就是对员工的信任。他把他的员工都当成亲人，这是其他老板远远做不到的。

在这个时代，如果你能读懂人性，善待你的顾客，善待你的员工，你才能把生意做大。当然，这里面还会有一些具体的技巧，比如好的员工是筛选出来的，不是培训出来的，这很重要。在选人的时候一定要有自己独到的眼光，要懂得知人善任。

此外，对于我们现代人来说，节俭也是非常重要的。比如说"股神"巴菲特，大家都知道他住在位于奥马哈小镇的一座特别简陋的房子里。有一次，他妻子花了10万美元去装修，被巴菲特骂了一通，说10万美元能创造多少财富，结果你用在了房子装修上。这10万美元用在房子装修上是消费，要是用在投资上，一年可能又赚了10万美元。

巴菲特明白钱的性质，钱花在自己身上叫消费，花在股市里就叫投资。一个人要想发大财，如果看不清楚是消费还是投资，那就麻烦了。

一个年轻人如果很早就能明白这个道理，他的一生一定不会穷的。节俭是节省每一分钱的资本，而不是让我们变成吝啬鬼。

钱的价值之一就是随着时间产生复利。这种复利效应,会让钱随着时间增值。

古代的司马迁已经洞察到了,要节俭,要让资本生钱,这样事业才能做大。所以司马迁把当时的财富增值案例呈现给我们,也值得我们今天去学习和借鉴。

第二章

历史是财富的游戏场

第一节　财富与历史的关系

世界上挣钱的方法是写在历史里的。所有东西都是有规律的，挣钱一定也是有规律的，因此我们可以从历史中去寻找规律。

古代的事经过历史沉淀，相对比较客观，能够让我们看清很多道理。例如儒家思想中的修身、齐家、治国、平天下是有顺序的。如果不修身，金钱和权力到了你手里，就会让你很危险。如果德不配位，即使你很有钱，也守不住这份财富，甚至可能会因此送掉性命。

我一直强调，要把历史剖析透，再去赚钱，否则就有可能遭受损失。历史上没有发生的事情，如果我们随意给它杜撰出一个故事，并且按照故事的思路去办事，也可能会遭受损失。因此，我们在论述历史和财富关系的时候，要非常重视历史的背后逻辑，进而找到历史发展的真正规律。

例如，我们在看一个房子时，要明白毛坯房是怎么盖的，地基是怎样的，为什么能建这么高，能保持这么久？这里的财富是通过什么传承下来的？换个载体是不是就不行了？花岗岩是不是会比混凝土结实？有的房子为什么会坍塌？

通过分析这些问题，最后才能找到带有规律性的认知和经验。

我们把历朝历代都看作一家公司或者一个财富的载体，就比较容易看清楚其中的规律。明白这些之后，那么机会和财富就在你身边。

我们今天讨论谁能挣钱，衡量财富的标准是什么——你能调动多少资源。因为资源就是财富。有的人没有一分钱现金，但是他有专业能力，有个人信用，有人脉圈子，有大量无形的资产，依然可以调动大量的资源。

所以我认为赚钱本身就是在修习自己的"能量",这个"能量"可以理解为我们的品行、认知、人格魅力以及能正向影响别人的能力。

一个自私自利的人,是不会挣大钱的。

一个能经常为他人做好事的人是有可能挣钱的,众善奉行,众恶莫作,才是挣钱的阳光大道。当你给别人提供帮助后,别人一定会念你的好,想补偿你,而且在补偿你的时候甚至会翻倍补偿你。

有很多人这辈子靠自己的能力挣不着钱,这类人得借助别人的帮助才能挣钱,所以,这类人既要做对事,还要跟对人。做对事和跟对人这两件事有一个能做到,你就能赚到钱;如果两个都能做到,那你就能挣大钱了。但很多时候你没有这样的机遇,你身边的人也不会带着你挣钱,那么你可以读读这本书。这本书可以帮助你看透历史学赚钱,因为人类的财富密码都写在历史里。

第二节　夏朝的制胜逻辑

我们首先来看夏朝。

夏朝离我们是比较遥远的。国外考古界一度不认为有夏朝，但是我们的二里头文化实实在在地证明夏朝出现过，因为出现了城墙遗址。

如何判断是城墙还是古墓？主要看上面生长的小麦的高度是不是有明显差异。

如果是城墙，它被打过夯土，就跟我们建造楼房使用的混凝土一样。在混凝土夹缝中生长的植物，它的透气、透水性都比较差，当然长不高；如果是坟墓，它下面的土质很稀松，水比较容易渗透进去，透气性也不错，所以植物长得很高。

大家如果看过《盗墓笔记》，应该知道《盗墓笔记》里面有个工具叫洛阳铲，铲出来的土闻闻是什么味道，就知道这里面埋的有没有好东西。从土的结构和松软度来说，能判断出这底下到底是什么样的东西，其实跟看小麦长得高低的道理是一样的。

　　一个地方的土壤是什么样的结构，在这块土地上生活的人就会有相对应的特点。正所谓"一方水土养一方人"。

　　二里头文化怎么来的？

　　它其实跟两河流域的概念是一样的。人类最早往往不是在大河边生活，因为大河边水流湍急，灌溉取水都很不方便，因此一般都选在河岔子、小河边。在中国，因为治水能力比较先进，才能生活在大河边上。因此，二里头文化跟两河文明很像。

　　解决了生存问题之后，安全问题突显出来了。人类有了私有财产，有了剩余粮食，就想把它保护起来，怎么保护呢？主要是通过建造城墙，防御动物和其他部族的攻击。

　　古代建造城墙不容易，夯土技术很重要。这件事一个人干不了，需要一堆人干，所以需要有组织、技术，还得有剩余劳动力。这就证明了当时的粮食生产能养活一些不从事农业生产的人。通过夏朝的遗址，人们发现夯土技术在当时已经得到了一定的普及。

　　基于这些，我们可以看到什么？

在人类财产得到保护的过程中，技术很重要，生产工具从石器变得更为先进，工业技术有了发展。以前人们只能生活在小河岔子附近，现在可以到大河边上去开垦土地，有能力找到肥沃的土地了。有了技术之后，粮食生产有了剩余，怎么防止别人抢夺呢？造城技术就比较重要。

夏朝对我们有什么样的启发？

到今天为止，人的生理需求、安全需求仍然是人的最基本需求。

古代人修城墙是为了安全，现代人买保险也是为了安全。有了保险行业，不管你是出海打鱼，还是开车，抑或是上班，都可以获得部分保障。

所以，在未来，保险行业会是一个比较好的行业。

这两年随着中产阶层的崛起，大家买保险的意识比以前有所增强。因为现代社会分工比较细，当风险来临时，靠"6个钱包"来解决问题的难度越来越大。比如大家购买房子这种资产类的东西时，6个钱包能解决，但这其中也有很多不可控的风险。再比如买车，一辆车本身的价格可能不贵，普通人花费10万元左右就能买下来。但如果开车撞到人,可能需要花几百万去理赔,这时候风险就很大。所以,我们在买车时都会考虑去买一些商业保险,保险就成了刚需。

保险业曾经有一种说法:人生有三种风险。

第一种风险是活得太长。

活得太长是一种风险,因为活得太长之后可能你身边的人都去世了,甚至能料理你的人也去世了。如果你没有买保险的话,风险比较大。

第二种风险是活得太短。

活得太短,你还有很多义务没尽,上有老下有小,这时风险就很大。

第三种风险是活得不健康。

活得不健康,人就容易生一些大病,这些病治疗起来花费巨大,因此也会面临巨大的风险。

面对这三种风险,我们怎么来规避呢?仅仅靠我们自身的社会关系网络是不行的,更何况有的人身边都没有多少可以依靠的人。最终靠什么来解决呢?靠保险来解决。很多年轻人会主动去买保险，因为他们已经意识到保险的重要性。

而且，保险经纪人这个行当的服务质量也有所提升。以前，他们基本依靠亲戚朋友的关系来跑业务，现在有很多精英白领和一些名校的毕业生也进入了保险行业。

这个行业对人才的素质要求也越来越高。它要求从业者有一定的社会实践，因为保险行业需要的是生活方面的专家，与其说他们是在卖保险，不如说他们是在给客户做人生规划。

金融的本质是时间的跨期交易，而保险的本质是未来的跨期分散或者跨期对冲。今天，保险这个行业的规模特别大，就我国而言，截至2022年6月30日，银保监会发布数据，中国保险销售人员数量为570.7万人。现在，这个行业的资产规模大概有20万亿元，跟银行的资产规模相比要小很多。国外保险和银行资产的规模比是1:1，也就是说，中国的保险行业未来可能会达到100万亿元甚至更多，有很大的增长空间。所以，保险产业未来是容易赚大钱的。

第三节　商朝"核心竞争力"的得与失

进入商朝之后，祭祀制度以及甲骨文的出现，说明人们有了精神上的追求。

甲骨文的"甲"指的是龟甲，人们在海龟的背上刻各种文字；"骨"主要是指牛骨，牛腿上比较平的那个部位。在古代，杀牛的成本是很高的，因为牛在农业社会是非常重要的生产力。

对国家来说，祭祀和打仗是大事；对个人来说，神非常重要。人在满足温饱之后就会考虑"我是谁，我从哪里来、到哪里去"的问题。这时候，人的哲学思考就开始了。

在商朝，人们发明了一整套祭祀仪式。商人认为在祭祀的时候，可以与神灵、祖先沟通，而这沟通的媒介就是甲骨文。

甲骨文最早用于什么呢？与鬼神沟通。为什么今天发现了4000多个甲骨文，而破译的只有2000多个呢？因为它不是来源于生活的。来源于生活的东西，非常容易想明白，但如果是祭祀鬼神的，我们就很难触达了。

可以说，甲骨文和青铜器分别代表了商朝的文化和工业水平。当时，人们用青铜器铸造的鼎以及各种器具来祭祀。所以我们看到，当时最好的东西都是给鬼神用的。

人们除了用甲骨文来祭祀外，还用它来占卜。人们把龟壳烤裂，根据裂开纹路来占卜凶吉。当时，能做占卜的人被称为祭司或巫祝，他们宣称自己拥有这种天赋，普通人没有能力跟鬼神沟通。他们这样做的目的是树立权威，让其他部落臣服于他们。

可以说，在商朝的整个发展过程中，人类的精神信仰逐渐开始超过物质生存的需求。

后来，周武王打败了商纣王，商朝灭亡。但周武王并没有把商朝人全部杀掉，因为当时劳动力也是宝贵的资源，大家打仗不是你死我活，顶多是让战败者沦为奴隶。但周武王并没有把商朝人变成奴隶，只是将他们圈在商朝旧都商丘，建立宋国，据说还对他们的职业做了一些限制，不允许他们再去耕种，而是让他们以经商为主。

有人认为，"商人"这个词就是从商纣王部落的后代延续并引申出来的。以当时的制度来看,商人是低人一等的。商人在赚钱之后,只能穿布衣,不能彰显身份,不能穿绫罗绸缎,也不能盖高大的房子。因此对商人的歧视,从那个时候就开始了。

商人又分成两类:一类是行商,一类是坐商。

商是一个什么概念呢?简言之就是坐贾行商。没有固定经营场所的叫商,有固定场所的叫贾。贾的地位要比商高一点,他们固定出摊。就像我们今天去很多商场看到的店铺一样,是固定的。而流动商贩,推个车,满街卖货,这叫商。国家既不好对他们征税,产品质量出问题了也不好追溯,所以这些人就是小商小贩,是没有什么社会地位的。

那么,商朝这种注重精神的特质对我们现在生活的时代有什么启示呢?

商朝带给我们的启发是,人类在精神层面会有更多的需求。

人类的消费趋势中,精神消费所占比重会越来越高,甚至远远大于物质方面的消费。所以,未来的精神消费会越来越多,越来越贵。本质上就是,人到了一定高度之后,他对灵魂自由的追求也越来越高。

而在教育内卷的当下，为什么我们在子女教育上投了很多钱？就是希望自己的下一代在精神层面上比同龄人强。这是人的原始驱动力。

以后要想挣更高级的钱，我看到的一个趋势是什么？未来卖给有钱人的产品，肯定不是一般物质类的产品，有可能是灵魂类的产品。凡是能让人的灵魂获得升华的产品，都值得做，你要思考这些人的需求，才能从中找到商机。

第四节　周朝的启示：保持相对优势

我们知道，周朝是周武王创建的。周武王去世后，继位的周成王年幼，为了维护稳定，武王的弟弟周公开始帮忙打理周朝的政务。

在周武王活着的时候，殷商贵族虽然投降了，但其有生力量还没有被消灭。因此，周武王死后便爆发了三监之乱。周公率军东征，最终平定叛乱。

可以说，周公是中国历史上一位非常厉害的政治家，他确定了分封制，奠定了周朝近800年的基业。

当时有很多地方在其他部落手里，那些地方只是周天子许诺打下来之后分给诸侯的，相当于发了个期权。而且打仗过程中还有风险，万一打不赢可能就拿不到了。所以对周朝来说，天下大部分地区不是通过征战来获得的，而是靠"礼"，用"礼"可以统治天下。

周人觉得商朝之所以灭亡，就是把礼法给搞乱了，所以他们建立了一套非常完善的礼制。它就相当于一个王朝的宪法或者基本法，大家谁都不能违反它，在它的基础上建立的法律，不能与它有冲突。

周人基于血缘关系，搞出了公、侯、伯、子、男等爵位等级，一直传承到秦始皇时期。它的好处是，以血缘为纽带，形成了一种社会共识。

在分封过程中，周天子还有很多空余的土地，放在自己手里作为储备，没有完全分出去，因此在周朝前几百年，特别是西周时期，可以持续分封，因为手里面还有资源。而到了西周和东周交替之际，即周幽王的时候，可用的土地资源就没有了。

而且周朝依赖的血缘制度也有局限性，建国的时候分封的都是五服内的人，血缘相对较近，相互之间也比较熟悉。发展几百年后，很多诸侯已经出了五服，大家的关系就渐渐淡了，这也是周朝后期的一个隐患。这种对血缘关系的依赖到现在也存在，比如很多人找合伙人会首先考虑自己家族的人。

周朝的前半段——也就是西周时期，当时国家还很强大，供养的军队人数远远超过任何一个诸侯国的军队数量，谁敢反叛，就会被灭掉。但是到东周时期，周王室直接控制的土地面积越来越小，供养的士兵也越来越少，这时候它的国力已经比不上那些大的诸侯国了，所以大的诸侯国就敢造次。此时，周王室想要养更多的兵，成本很高，财政压力就很大。

所以，一个国家要实现统治稳定，就要有相对的优势，如果想要拥有绝对的优势，付出的成本就过大了。

到秦始皇的时候，他以一国吞并六国，有绝对优势。但这样做的后果是，那么多人去当兵打仗，一下子把民脂民膏全耗尽了，没有人去种地，把国力给透支了，因此后来爆发了陈胜吴广起义。

所以说，一个中央政权保持好适度兵力，拥有相对优势就行，否则下边的诸侯国很快就会颠覆中央政权。

这一点与我们的商业竞争很像。

在商业上，你只需要保持相对优势就行。如果你要实现绝对优势，一则成本太高，二则一旦发现错了的时候，有可能尾大不掉。

日本制造就遇到过这个问题。我们知道日本制造一直提倡匠人精神，各种产品和环节都要求精益求精，但总是沉迷于匠人精神，容易钻牛角尖，一个产品，主机能用五年，配件的寿命长达十几年，过度投入，在成本上非常不经济。

跟它相反的是比亚迪。我们看近两年新能源汽车销量排行榜，比亚迪基本都是全球排名第一。比亚迪的单项能力可能不突出，如电池的续航能力可能比不上宁德时代，但是比亚迪不拼单项冠军，拼综合能力，研发、维护、服务、性价比等综合分很高，所以市场份额占有量大。

这就是企业一体化能力的重要性。现在企业间的竞争不再是单点的竞争，比如你的研发能力比竞争对手强，但可能你的市场占有率没他大。就是这个原因。

这个道理同样适用于个人。你的能力不一定要比谁都强，但你一定要会聚集资源，这个能力很重要——你得知道每个人擅长什么。

我经常说，有的人虽然是名校毕业的学霸，但他不一定能成为职场高手。因为学校的规则是闭卷考试，考试凭的是应试能力，应试能力强的人能考得很好。但在社会上打拼，相当于开卷考试，你得知道自己所需的资源都在哪里，然后去链接他们。

有些应试能力强的人一毕业就感觉心理不平衡——为什么上学时那些不如我的人挣钱比我多？他们觉得这个社会太不公平了。

其实社会还是很公平的，只是他不知道步入社会后规则变了。

所以，一个人要想成功，要找到自己的优势和正确的平台，而且要对这个世界有正确的认知。

在古代王朝不断更迭的过程当中，有很多有能力的人错过属于自己的机遇，就是因为对自身处境和大环境缺乏足够的了解。

比如把你扔到沙漠里面，有一个驼队路过，但你身上一分钱都没有，怎么才能富有？搞清楚驼队之间哪些资源可以重新配置一下，比如这个驼队里面有水，但缺乏绫罗绸缎；那个驼队里面缺水，但有绫罗绸缎。你一看到他们之间互有需求，但是不愿意交换或者总是谈不拢价格。如果你能帮助他们搞定这个事，多出的资产不就是你的了？说不定在整个交易分配的过程中，你能获得最多的资产。

发现需求，整合资源是商业成功的根本。但如果你没有这些生活常识，对每个群体都不了解，即便机会摆在面前，也抓不住。

成功者都特别喜欢阅读和思考。不喜欢阅读，就无法获得足够的信息量；不喜欢思考，你无法分析出这些信息的价值。这两点我觉得是所有成功者共通的。

所以我觉得愿意花钱去学习一些跟历史和经营有关系的知识，以后一定能赚到钱，这其实已经决定了你跟普通人的差别。

第五节　秦灭六国的优势

西周之后的东周又分为两段：春秋和战国。春秋和战国看着好像乱糟糟的，但我们把它捋清之后会发现，生产力的巨大变革导致社会历史产生了急剧的变化。

以前人们耕地用的大都是木制的工具，随着铁器的大规模普及使用，生产效率马上就提高了。

原来在各个诸侯国之间存在大量无主的土地，好多地方没人要——因为生产力有限，人口有限，开垦不了那么多荒地。但有了铁器之后，大家可以不断地去扩展自己的耕地面积，土地矛盾也就渐渐激化了。

以前有矛盾的时候，周天子可以出来给大家调解一下，但这时候，周王室控制的土地已经分封得差不多了，没有土地可分了。同时因为没有土地，自己供养的兵员数量也越来越少，而各个诸侯国的兵力却在逐步增加。

这时候博弈关系发生改变了。

以前大家遵循的是礼数，但是随着血缘关系逐渐变淡，大家就不再像从前那样遵循礼法了。现在完全是凭实力说话，哪个诸侯国有实力，在抢地盘的时候就更有优势，这引发了各国的变法。

在变法的过程中，生产力是核心。此外，作战工具也变了。以前是靠步兵，后期靠骑兵，骑兵作战半径大了很多，杀伤力也大了很多，相当于冷兵器时代的坦克。而武器的不断改进也让军队的战斗力一下子提高了很多倍。这就出现了诸侯混战更为激烈的战国。

变法最早是由李悝（战国初期魏国著名政治家、法学家）在魏国开始的。

变法的主要目的是什么？强国！让老百姓可以通过军功获得爵位，这样就有圈层跃迁的机会。

法家思想的本质就是赏罚分明，有赏有罚。原来贵族是靠世袭的，贵族子弟不用干任何事，没有任何功劳也可以把自己的爵位传承下去，世代享受荣华富贵。

而一旦变法，就会挑战现有的既得利益者。如果变法做得不彻底，没有把保守派贵族消灭掉，一定会遭到保守派贵族的反扑。

我们看，法家的制度其实很残酷——对外残酷，对内也很残酷。但是秦国本身就很穷，所以秦国的变法相比其他在文化和社会分工上很成熟的诸侯国来说，较为容易。通过打仗获得军功、获得爵位这个制度在秦国确立得比其他诸侯国要好，也有利于调动个人的积极性，这是秦国成功的重要基础。

在武装改革方面，赵国搞得最早。赵国的赵武灵王在位时，发现中原民族打仗能力较草原民族弱，主要原因是平时不骑马；而草原民族打仗厉害，是由于他们擅长骑马，穿的衣服也适合打仗。于是，赵武灵王就把赵国所有贵族的服饰都改成胡服，让大家都学习骑马作战，这就是"胡服骑射"。赵国由此产生了很多名将，比如廉颇、赵奢等。

但是到秦国军事改革的时候，它比其他国家更彻底。为什么？

因为秦国本身就是跟少数民族融合在一起的。秦国长期与少数民族杂居，他们的生活习惯和少数民族很像，所以他们的胡服骑射根本不用训练，天生就会。当其他国家还在犹豫要不要变法时，秦国就坚决要变法，因为穷则思变，不改革没有出路。

后来，秦国的改革速度很快就超过了赵国。赵国是秦国很重要的竞争对手，当秦国在长平全歼赵国主力后，秦国的其他对手就显得很弱了。

我们从春秋和战国这段历史中能学到点什么？

从企业赚钱和变革的角度来看，要转型，一定要快、要彻底，不要有思维惯性。

柯达公司曾经是一家《财富》"世界500强企业"，全球遍布了上万家柯达专卖店，它们的相机全是用胶卷的，对它们来说，胶卷的利润空间最大，耗材也最多。数字技术发明之后，它们没有往这个方向去发展，因为那样就会减少它在胶卷这块业务上的收入。它在业务发展上的惯性特别大，既得利益者也特别多，当新事物出现的时候，它没有最先去接受，最终破产了。

今天我们看到很多企业也在走互联网化和数字化这条道路。为什么很多传统企业转型很困难？举个例子，当年在手机阅读出现之前，新浪阅读的优势很大，因为新浪新闻和新浪文学做得好。但在进入手机阅读之前，它面临两个选择：一个是在自己原来的网站上做一个阅读平台，另一个是基于手机进入智能化之后开辟手机阅读战场。

但这两个业务同时开展之后就面临一个挑战——定价。手机阅读的定价和PC互联网上的定价不一致，这时候内部就出现矛盾了。与此同时，另外一家公司掌阅（当年是一家创业公司，现在已经成为一家上市公司）从来就没有做过PC业务，他们上来就去做移动互联网，因为没有历史包袱，所以他们在手机端很快就异军突起。

类似掌阅这样的公司还有很多，他们原来的底子虽然薄，但是负担轻，能通过技术变革快速破局。

我们看很多公司的互联网转型和数字化转型，往往是在老的母体里面去孵化。与其这样，还不如把这个钱拿出来做投资，去投资一个新的数字公司或者互联网公司，那样的话成功率可能更高。原因就在于原来那拨人的思想惯性是很强的，会成为公司转型的阻力。

因此我们说,互联网转型和数字化转型的问题不是钱的问题,实际是个基因问题。你种的是新的种子,未来才能长出来新物种。

所以,生产力发达了,生产关系和上层建筑一定要适应它的变化。哪些公司能适应?不是原来资金实力特别雄厚、发展状态特别好的公司,反而可能是那些原本底子薄的,但是转型快或者转型特别坚决的公司,这样的公司才有机会。

历史上能赚钱的人都懂得这样的道理。中国改革开放四十多年,淘汰了好几拨人。

1978—1988年这十年间,好多人做"倒爷",成了暴发户,这个行业没有什么技术含量,敢干就行。那时候大部分人都在体制内,是不敢"下海"的。有一些人主动或被迫"下海"了,于是就赚钱了。1990年以后,仅仅靠倒买倒卖不行了,因为国内有很多城市都建高速公路了,地域差价在减少。这波人要怎么挣钱?要挣信息差价。当时,批发和零售之间有很大的差价,而第一拨只会倒买倒卖、不会批发零售的人,基本上就失败了。

第二拨人产业升级了,他懂得信息不对称的概念,知道批发和零售之间有很大的差价,所以先大批量批发,然后再零售,也挣到了不少钱。

到2000年以后,进入互联网时代,那些搞批零售差价的人又倒下了。为什么?因为用户参加了团购,信息透明了。所以第二波赚到钱的人如果没有转型,那就完蛋了。

2000年之后,房子供不应求,中国房地产迎来一波高增长。于是,在房地产行业这十年里,无论你是卖房子的还是炒房子的,都能从中挣到钱。

2010年以后,中国资本市场迎来一个机会——股票的一、二级市场。这时候,如果你在一级市场能买到股票,到二级市场上卖,是稳赚不赔的。在这个过程当中,只会买房子、炒房子的人又被淘汰掉了。

2020年以后,出现了像元宇宙概念等数字资产,在数字化的生存环境下,这种资产价值变得越来越高。如果你能抓到数字资产的机会,也能赚到大钱。

大家可以看到赚钱的机会是一波接一波的。随着时间的推移,生产力变革了,生活方式变革了,如果你能抓到每个时间节点的规律，就能赚到钱。如果你抓住了当下这波红利，却不懂得及时调整思路，也只能挣到这一波的钱，挣不到下一波的钱。

总之，历史是动态变化的，生产力一直在发展，历史也在不断变革。无论是生产关系还是财富关系，都一直在发生变化。当环境发生变化了，财富载体也会发生变化。所以，我们要通过学习不断提升认知，永远在时代的前面把握时机，才不会被时代拍在沙滩上。

第六节　项羽为什么只能称霸王

在楚汉相争这段历史中，大家都知道项羽输了，刘邦赢了，为什么？

大家都觉得他打赢仗了，非要回江东见江东父老，太想炫耀自己了。这是大家对西楚霸王项羽的一个普遍的看法。

但当我们了解那段历史之后就会发现，人们对项羽的看法还是浅薄了。

在周朝近800年的历史里，虽然发生过很多次战争，但这些战争大都是贵族、诸侯或者将相在互相攻伐兼并，从来没有发生过平民主导的战争。秦朝末年，陈胜和吴广在大泽乡发动了农民起义，这次起义是中国历史上第一次由农民发动的、旨在夺取政权的大规模起义。因为历史上还没有这样的先例，当时他们心里也是打鼓的，于是，陈胜、吴广借助"上天"的旨意，在鱼肚子里塞进写有"陈胜王"的白绸子，寓意陈胜要当王。

要知道，当时陈胜个人的威望和力量还远远不够，所以必须装神弄鬼，借助天意告诉大家自己要当王。之后历史上发生的很多农民起义也都使用了这种方法。

当时，人们的观念受传统思想影响，都认同贵族统治的传统，对于平民当王，大家是不习惯的，或者认为是不合法的。虽然陈胜、吴广开始打得很顺利，占据了很多城池，并且开始称王立国了，但是当秦朝将领章邯率大军打过来时，他们还是慌了。虽然农民军的战斗力不小，但在秦国虎狼之师的余威面前，他们仍然不堪一击，很快就被打败了。

另外一支由项梁（项羽的叔叔）统帅的军队，属于楚国贵族起义军，当时打得也很勇猛。项梁还是有一定政治头脑的，他跟部下说，如果我们这么打下去的话，即使打下了秦朝的首都，其他贵族也不一定认可我们，我们要师出有名。所以，他们就把藏匿在民间放羊的楚怀王的孙子熊心请回来当王，仍然称之为楚怀王。当然，这个楚怀王只是一个傀儡，项梁只是为恢复楚国的江山暂时拥他为王。

项梁阵亡后，群龙无首，这时候有两个人出现了，就是刘邦和项羽，这两个人都是项梁旗下的起义军的小头领。项羽这支军队打仗是非常勇猛的，当他第一次掌握兵权后，为了解除巨鹿之围，他率军破釜沉舟，经过九次激战，终于把章邯率领的主力给打败了，一下坑杀了好几十万人，秦朝军队的有生力量因此被打掉了。项羽一战成名，所有起义军都对项羽刮目相看。

此时，楚怀王召集各路诸侯开大会，说谁第一个打到咸阳去，就封谁为王。

当时秦国的军事力量已经很弱了，谁去打咸阳都比较容易，只是刘邦比较幸运,他没有被安排去打秦军的主力,而是被安排去打秦军的老弱病残部队,所以很快他就率先打到咸阳城大门口,没有遇到像样的抵抗就攻进去了。

后面,就是大家耳熟能详的鸿门宴故事了。

这时候大家会有一个疑问,为什么项羽打下江山之后,没有像秦始皇一样自己称帝,而只是受封为王?因为当时参加起义的所有军民、贵族都有这样一种默契心理,就是希望仗打完后能恢复到春秋战国封王割据的时代,他们还不习惯国家变成大一统的状态。

为什么项羽要把他原来带的楚兵再带回去?因为他们不喜欢在关中待着,想回老家去。因此他也不可能称帝,成为"众王之王",只能自封为"西楚霸王"。

从这件事上来说,不是项羽做得多蠢,而是当时大家还没有从分封制状态中脱离出来,所以项羽要把分封制继续走下去。

当时的民意就是这样,平民从来没有当过王,如果让普通人当皇帝、当诸侯王,这在当时是不太可能的。所以像陈胜、吴广在称王后,地位不稳,很快就被灭了。项羽所处的时代,王侯将相是靠传承下来的,这是历史造就的根深蒂固的观念,不太容易一下就把它给改变了。

其实项羽不过是在顺应当时的潮流。到刘邦统一天下之后,他采用的是"混合制",就是既有郡县制、也有分封制的过渡状态,而不是一下子搞成郡县制,就是怕当时的民意接受不了。

由此可见,历史发展是有一定规律性的,不是某个人想怎么做就能怎么做的。时势造英雄,但英雄对时势的改造只是很小的一部分。

其他国家的历史发展过程中也经历过类似的事情,比如英国的宪章运动对王权做了限制,这是贵族、国王和平民相互妥协的结果,以前靠打仗解决问题,后期通过开会来解决问题。英国搞了宪章运动之后,英国内部的冲突就减少了,内耗减少,发展就比较平稳了。法国没有经历过宪章运动,直接让路易十六上了断头台,它的社会变革更为激烈。

这对我们在创业过程中有什么启发呢?

我们在创建公司的过程当中,需要考虑制定的各项制度和人们的基础观念之间是否有冲突。

第七节　汉朝和匈奴的差距在哪里

　　汉武帝时期的名将卫青、霍去病都在年纪很轻时就立下了显赫的军功。

　　他们为什么那么厉害？

　　其实汉朝初期与匈奴作战是吃过大亏的。匈奴，号称是衣食住行全在马背上的游牧民族，骑兵作战的速度很快。打仗，对匈奴人来说就是一种生产方式，他们不断侵扰汉朝边塞，靠抢掠汉人来维持自身的发展。如果不抢的话，他们就很难维持生活，所以对他们来说，这是生存之道。

　　而对汉人来说，他们早期就习惯了农耕生活，因此，要打仗就得搞军事动员。同时，打仗也需要巨大的财力支撑，需要付出很大的成本。

而游牧民族没有后勤补给的困扰。匈奴人在马背上就能解决吃喝拉撒等问题，因此他们根本不需要像汉朝那样严重依赖后勤补给。每个战斗参与者都能解决好包括战马在内的军事装备和后勤给养。

最早与匈奴作战比较厉害的人是飞将军李广，他的军队行军速度非常快。李广非常熟悉匈奴人的生活习惯，知道匈奴人在哪儿给马喂草喂水，知道他们经常出没的地方，加上行军速度比匈奴人还快，所以他经常能逮住一小撮匈奴人痛打一顿。但是，他能打的也只是匈奴人的少部分。

虽然李广作战勇猛，但匈奴真正的主力是被卫青、霍去病给消灭掉的。

卫青、霍去病有什么样的能力呢？

他们在作战时采取的战法是，给每个出征的士兵配三匹马，当一匹马跑累了，就换下一匹马，因而追击得比较远，可以进入到匈奴的腹地，能跟匈奴主力交上锋。

这是当年卫青、霍去病能击败匈奴人的一个重要原因。

在冷兵器时代，战马就像今天的坦克一样重要。汉武帝时期，汉朝国库充实,花钱从中亚引进了大量的战马。买了不少战马后,还进行了大量的养殖、繁育,因此汉军的战马在数量上超过了匈奴,有了这个基础,汉朝才能真正将匈奴打跑。

在汉朝的打压下,匈奴内部出现了分化,分裂为南匈奴和北匈奴。南匈奴投降汉朝,北匈奴则逃到了更远的地方。

通过卫青、霍去病出击匈奴的战例,我们能学到什么?

在冷兵器时代,相对于力量,速度显得更为重要,谁能掌握速度谁就更有优势。因此,弓箭的速度和骑兵的速度都非常重要。

从创业的角度讲,我们不要等待所有机会都成熟了再去干,因为"快鱼吃慢鱼",我们必须快速出击才行。

我们看到很多创业者、特别是互联网早期的创业者,虽然规模很小,但常常能在不经意间脱颖而出,就是因为互联网创业的速度非常快,一旦找准方向,做下去就能出成绩。于是,很多"快鱼"就把"慢鱼"吃了,"小鱼"把"大鱼"吃了。

当下,我们要学习当年卫青和霍去病攻打匈奴的思维方式,讲求速度,快速抢占先机。

以当年微信跟米聊的竞争为例。米聊其实就比微信晚出现一个月,但因为这个行业的网络效应,大家先安装了微信,米聊就没有用了。

因此,在互联网创业圈,哪怕仅差一个月的时间,胜败就已经见分晓。

很多人一辈子没有赚到钱,主要原因就是对新事物在大多数情况下都是排斥的,无法快速看到并且立即行动。而另一些成功的创业者这一辈子大多数情况下都在保持开放的心态,勇于尝试新事物,而不是一直在观望。所以这样的人往往容易挣到钱。

新事物确实充满不确定性,但你得去拥抱它,不能远离它。如果一味抱着"我不能上当受骗"的执念,虽然一辈子确实没上当受骗,但也没挣到大钱。

有的庞然大物瞬间就倒掉了,因为它错过了一个时代,失败的速度就变得很快。所以我觉得在这个信息时代,速度比什么都重要。不管是赚钱的速度、创业的速度,还是对一件新事物学习的速度,大家都要加快。

第八节 汉朝豪族"套路"的本质

为什么打完匈奴之后,汉朝的国力就逐渐衰减了?跟它打仗的投入产出比有关系。

汉朝攻击匈奴所在的草原地带,降水量每年不超过400毫米,这里是草原民族和农耕民族的边界线。对汉朝人来说,即使打过去,攻占的地方没法种粮食,也是没用的,因为农耕民族不放牧,只种粮食。从这个角度看,打仗的投入产出比不高。

因为常年打仗,消耗了大量国库及民间财富,农民的税收越来越高,汉朝统治者的地位就会受到影响。

因此,在汉昭帝时期就有了一个非常重要的争论,争论的主要议题就是由桑弘羊主持并推行的盐铁专卖政策,史称"盐铁会议"(后来,桓宽根据当时的会议记录,整理为《盐铁论》)。

在这个会议上,双方围绕盐铁要不要由国家来垄断经营展开了激烈的辩论。

因为汉朝政府组织过数次大规模的对匈奴的征战,税收已经越来越高了，如果再去垄断盐铁的话，老百姓就没有生存之路了。

当时的生产力出现了一个重要的变化。以前耕地基本靠人拿木犁去耕，效果是非常有限的，用木犁耕的深度很浅。到汉武帝的时候普及了铁犁和耕牛，谁有钱买铁犁和耕牛呢？有钱人。因此，有钱人买了铁犁和耕牛，生产力大大提高，变得更有钱，贫富差距越来越大。

此外，新的轮种技术也在拉大贫富差距。以前种地没有垄沟，都是在平地上种植农作物。这种耕种方式存在水土流失的问题，也不利于灌溉，生产效率低下。而在采用新的耕作方法（比如代田法）之后，今年是垄沟，明年是垄台，通过交换实现轮种，庄稼的总产量是传统的两到三倍——因为土壤翻得比较深，土地可以轮替使用。但农民没有耕牛和铁器作为生产工具，仅靠人力和木制耕具，耕的深度很有限，所以农民的生产效率就非常低下。有钱人的生产效率可能是农民的数倍，贫富差距越来越大。

在汉武帝之后，大地主阶层越来越富裕，逐渐演化为豪族。

而失去土地的无产者,他们有的被迫依附于大庄园主,成为被雇佣的佃农;有的变成了失地的流民,到了王朝的末期就变成重要的不安定因素。

所以在土地制度和农业生产力演变的过程中,我们看到了汉朝从崛起到衰落的过程。

西汉和东汉中间,还有一个王莽的新朝。

王莽是一个理想主义者,他一上来就进行了一系列变革。他进行土地变革是想把大庄园主、大地主的土地进行有效的再分配。

在西汉时期出现了大规模的流民,中央政府已经看到这个问题。王莽试图阻止土地的兼并,他认为如果没有了货币,没有钱让土地流转,土地流转不了,土地兼并就会停下来。

因此,王莽的改革是要把货币体系搞乱。

当时,很多豪强都是大庄园主,想把他们的土地给收回来,难度很大,因为大庄园主有很多避税的措施。

为什么老百姓会把土地卖掉?因为他们的税赋比较重。在农业社会的时候,政府征税没有很好的手段,找人头比较难,找土地是比较容易的。农民也是这样的，土地一旦被卖掉了，找他个人就比较难找。所以在这个过程中，农民遇到问题，首先考虑的就是卖地，那时候钱流通得不错，土地很容易就能卖掉。

从汉武帝之后，土地越来越集中，对中央王朝的威胁也越来越大。因为大财团可以控制政治，所以王莽特别想把这个隐患给解决掉，但他没做到。

到东汉末年的时候，皇权已经很弱小了，基本是被宦官和外戚集团轮流坐庄垄断，主要原因就是大地主阶层特别固化，普通老百姓很难实现圈层跃迁了。

所以我们从整体看，两汉从兴起到灭亡的过程，本身就在于土地制度和税收制度。

因为当时打仗需要钱，所以对老百姓的压榨就越来越严重。受过剥削之后，老百姓趋利避害，把土地给卖掉了。

又因为当时出现了铁器和农耕等可以提升生产力的工具，导致有钱的人可以快速提高生产效率，没钱的人手里面的土地资源变现就比较慢，所以出现了强者恒强的局面。

强者于是开始左右政治，皇权控制整个社会的能力随之越来越弱，这是整个汉朝政治经济格局变迁的基本逻辑。

通过汉朝这件事，对当下社会有哪些启发？

我们现在的社会也特别怕一些生产资源的过度集中。

例如，近年来出现了一些资本垄断现象，如像BAT这样的企业太大了，一些中小型互联网企业就很难成长，一旦冒头就可能被它们收购，或者是被它们打压。

因此，资本一旦形成资源垄断，很快就能控制很多产业。那么对于许多民营创业者来说，就没有出头之日了。创造财富的动力不足，很多生态就会受到影响。

所以，创业前要学会先看环境，看行业成熟度和行业集中度，避开垄断行业搞创新，小公司才有机会成长为大公司。

第九节 三国"创业史"

在东汉中期,汉顺帝在宦官的扶持下登基称帝,因此对他们极为感激,有拥立之功的19位宦官全部被封为侯。后来,汉顺帝又下达了允许宦官的养子继承爵位的命令。

皇帝对宦官过度宠信,使得宦官这个群体拥有很多权力。宦官们想把自己的权力延伸到宫外边去,就可以通过收养养子的方式来实现。

以前,宦官集团再厉害,他们的影响力也超不出宫内。有了皇帝的旨意后,他们变得"后继有人"了,于是更愿意谈钱、谈权,把自己的资源给传承下去。人类繁衍的本质是什么?就是想把自己的"基因"给传下去。

曹操的父亲曹嵩原本不姓曹,但是曹嵩在很早的时候被宦官曹腾给收养了。曹腾成了这波红利的受益者,也把自身的很多资源传给曹嵩。

东汉中后期,皇帝的权力变得非常有限,朝政已经被宦官和外戚集团轮流把持。最后出现了内乱，爆发了黄巾起义，张角三兄弟以及他们的信徒头戴黄色头巾，举兵起义。

皇帝想要镇压黄巾起义，就需要地方武装。这时候，袁绍、董卓等各路军阀就登上舞台，他们正好借着讨伐黄巾起义的由头招兵买马，壮大自身实力。等自身实力壮大之后，他们就不会把皇帝当回事了，于是皇帝变得有名无实。

后来出现了"曹操挟天子以令诸侯"的故事。

就这样，袁绍、董卓等军阀打来打去，互相攻杀，最后只剩下魏蜀吴三家，形成三分天下的格局。

为什么曹操建立的魏政权能取得较大优势呢？

有两个因素。

第一个因素是人才。

曹操很早就建立起一种人才选拔制度，且自身属于地方豪族，所以曹操阵营里面的人才最多。刘备虽然顶着一个带有皇室血统的皇叔的身份，但跟皇室血缘关系已经很远了，属于典型的家族企业，他们在制定并执行战略战术时都是自作主张，管理模式家族化，无法吸引更多的人才。

曹操能笑到最后，就是因为他有很好的人才选拔制度，使得他在乱世的时候，能够招揽到更多的人才。

那时候没有科举制度，曹魏政权有一个官僚评估队伍，搞出了九品中正制，把人分成九种：上上等、上中等、上下等、中上等、中中等、中下等、下上等、下中等、下下等，靠着这套评估体系选拔官员——只要你符合九品中正制，就给你安排相应的官职。

第二个因素是经济。

曹操在经济上做得也非常好，最突出的贡献就是屯田制。

东汉末年军阀混战，流民特别多，土地都荒废了，曹操把土地攻占下来之后，让士兵及其家属、流民去种，形成了军屯和民屯。当兵的种完了，就可以吃军粮了。

曹操占领的地方最大，统治地区的人口最多，在北方是军事最强大的政权。他搞了屯田制之后，吸收了大批流民。在经济上和人才上，都比别人有突破。

大家都认为曹操是一代奸雄，其实，他在人才战略上还是很有一套的。而且他还不按照套路出牌，在人才市场上经常能破格录用人才。

当下，为什么有很多中规中矩的人去创业，结果总是干不好呢？就是因为他们在创业的时候，环境不断地发生变化，中规中矩的人却不太适应。要想持续地富有，就需要不断地去适应新的规则。而一旦要适应规则，就得不断地调整。

曹操就是这样的领导者，在识人用人的制度建设上都非常灵活。

曹操的成功对今天的我们有什么启发呢？用今天的话来说，曹操主要做好了两件事：资源整合和人才选拔。这两件事能做成其中一件，那创业就能取得很大的成功。

现在企业家里有没有这样的人呢？也是有的，比如说段永平。我们熟悉的很多产品背后都有他的影子，比如小霸王学习机、步步高、vivo手机、OPPO手机等，他擅长先分析时代的需求，再整合资源做大。而且他看人很准，请成龙做代言，跟巴菲特吃饭带的人是黄峥，也就是拼多多创始人，此外，vivo、OPPO的创始人也是他带出来的。

注重人才是创业中非常重要的一点，我们再来看看早期通信行业的四大巨头"巨大中华"。这四家公司分别是巨龙通信、大唐电信、中兴通讯、华为技术,这几家公司曾经都很厉害,现在再看它们的现状,有的已经不存在了,有的发展遇到瓶颈,只有华为穿越了不同的周期,现在依旧发展得很好。华为为什么能做到呢?可能有些人会说它的创新能力,或者它的社会责任等,但是我觉得最重要的是华为的人才观,华为特别注重吸引优秀人才。

华为认为要打赢未来的技术与商业战争,技术创新与商业创新双创驱动是核心动力。创新就必须要有世界顶尖的人才,于是每年大学校招,华为都非常积极,孟晚舟曾在清华大学校招会上表示:不按学历,按价值和潜在贡献定薪,牛人年薪不封顶。任正非也公开表态从世界范围招揽天才少年。据统计有应届生的年薪高达 200 万元。

从三国看创业,资源整合和人才选拔决定了一个企业是否能穿越周期,走得更远,走得更久。

第十节 两晋南北朝时期的"人才落户"

汉代,北方不光有汉民族,还有匈奴、鲜卑、羌、羯、氐等少数民族,史称"五胡"。这些少数民族中的大部分生活在汉民族的边界。汉宣帝时,匈奴发生内乱,分裂为南匈奴和北匈奴。北匈奴被汉朝击败,被迫大规模西迁,而南匈奴则臣服汉朝。到了东汉光武帝在位时,原先臣服汉朝的匈奴部族再次发生动乱,又一次分裂为南匈奴和北匈奴。南匈奴单于率众归附东汉政府,被安置在河套地区,此时,南匈奴还有了另一个使命——负责守边。

三国乱世,军阀混战,导致中原人口大量减少。曹魏政权以及后面的西晋政府都曾经不断地"招抚五胡"。因此,以匈奴、鲜卑、羌、羯、氐为代表的少数民族大量迁徙到中原腹地,在某种程度上,改变了中原地区的民族构成和分布格局。

西晋时爆发了八王之乱。八王之乱后,西晋中央政权就不稳定了,国力衰落,军事力量随之快速衰退。出现了武力真空之后，这些少数民族就发生了叛乱。但是此时这些内迁的少数民族已经被汉化了，他们在汉朝生活了很久，有的已经到了第三代甚至第五代了，他们穿的服装、说的语言完完全全是汉民族的样子。比如第一个起兵造反的领头人刘渊，虽然是南匈奴人，但他已经深受儒家影响，在人品、修养等各方面都很不错，可以说，他比有些汉人更像汉人。后期的苻坚（前秦第三位皇帝）、石勒（后赵开国皇帝）等，也都是如此。

在这个混战的时代，几十个政权起起伏伏，你方唱罢我登场，走马灯式地更换着。为什么大多数政权都立不住呢？主要是因为少数民族的力量很有限，跟汉族的力量对比还较弱。虽然他们很想去征服一个大的民族，但因为没有足够的兵源，打起来非常地吃力。

所以在军阀混战的过程中，一个军阀即便被另外一个新崛起的军阀给打掉了，打下的地盘也可能占不住。如果要占住的话，就需要有常备军；如果常备军与当地民众之间的比例特别低，就很危险了。因此，当你的人手有限，管理对象又特别多时，你是守不住地盘的。

鲜卑族的人口基数比其他少数民族都要大一些，而且在草原地区还有一部分军事力量可以南下增援，所以鲜卑在后期崛起，最终建立了北魏政权。

北魏政权的府兵制搞得不错。

什么是府兵制呢？忙的时候种田，闲的时候打仗，既是兵又是农，保证了粮食的自给自足。

当时，鲜卑拓跋氏建立北魏政权后，他们看到了一个问题：如果不跟汉人融合，仅仅保持鲜卑的文化，就很难统治中原腹地，所以必须全面进行汉化。但在汉化过程中也遇到了问题，那就是，如果变成汉民族的一部分，内部又会发生分裂。因为有一部分守旧的鲜卑贵族不愿意在语言、服装、姓氏上完全汉化。这部分顽固保守派和以北魏孝文帝拓跋宏为主的改革派，在内部就分裂了。

就这样，一部分愿意进步的人，就跟着孝文帝去了洛阳。洛阳是汉民族的统治中心，在北魏迁都前，已经是七朝的古都。

鲜卑拓跋氏起家是在平城，也就是今天的山西大同。当时的北方还有一个少数民族比较厉害，就是柔然，他们经常入侵中原，因此需要一些力量把边关守住。那些守旧的贵族不愿走，就留下来镇守六镇（北魏前期为了攻击和防御柔然政权，在平城以北的边境由西向东依次设置了六个军事据点）。

留下来的守旧贵族，和新贵族形成了实力上的对比。进城的那拨人变成了身着汉族服装、看上去干干净净的汉化鲜卑人，他们感觉自身的社会地位、文化程度要比旧贵族高很多，因而瞧不起他们。时间长了，守旧贵族就变成了他们眼里的"乡下人"。于是，这两拨人相互不满意，相互歧视。

这时候正好遇到柔然的入侵。柔然属于还没有开化的马上民族，战斗力是特别强的。当时，北魏政权给六镇的供给已经很有限了，两方贵族之间的矛盾导致很多物资不能配发给六镇，而六镇仅靠自有的力量很难去跟强悍的柔然抗衡。

打不过怎么办？

刺刀向内，他们开始去打自己的本族人。因此，北魏很快就发生了内乱，内乱之后北魏分成了东西魏，最终拓跋氏这个政权也崩塌了。

我们很多人所熟知的北魏孝文帝的改革，就是全面汉化的改革，但最终结果是失败的。

我们今天看历史上的很多改革，改革者大多是一个悲剧人物。秦朝的商鞅，宋朝的王安石，轻一点的背负骂名，严重一点的被车裂了。因为改革会触动很多既得利益群体，改变很多现有的经济格局。

即使作为一国之君的北魏孝文帝拓跋宏，他的改革也是失败的。他的改革触动了太多人的利益。如果不改革，这一届王朝短期可能还行，长期来看是统治不下去的。所以这是一个两难的境地。

回到我们今天创业的状态来看，中国现在已经是世界第二大经济体，很多企业的业务增长在国内已经遇到天花板，出现了诸如产能过剩等问题。因此，我们要去开辟新市场，就会面临国际化问题，一旦水土不服，很多企业的国际化进程就失败了。

在国际化过程中，有一家做手机的企业做得很成功。这家企业叫传音，它主要做非洲市场。非洲市场跟中国市场差别很大，那么这个企业是怎么成功的呢？它的本地化做得非常好。他们了解当地的文化，当地以黑人为主，黑人都希望自己的皮肤黑得漂亮一点，因此这家企业就把美黑技术做得很好。

另外当地有很多运营商，这些运营商之间的电话互相打不通，资费价格还不一样，往往在这个城市运营商的资费是这样的，到另外一个城市又变了。因此，当地人往往需要准备好几张 SIM 卡。这家企业就做了 4 个 SIM 卡卡槽，所以，这款手机就非常受当地人喜欢。它既可以让资费变得更便宜，也可以让通话变得更方便。

这家企业还擅长顺应当地人的特质，他们了解到当地人喜欢唱歌跳舞，就将手机尾部做成一个低音炮音箱，把喇叭的声音做得很大，因此深受当地人喜爱。

由此可见，传音手机的本地化产品策略是其成功的重要原因。其他手机品牌诸如苹果、三星、华为等为什么都干不过传音手机？就在于传音手机的非洲本地化做得特别好。

通过传音手机的案例，我们不难看出，不管是做欧美的高端市场，还是做下沉的非洲市场，企业的管理可以国际化，但是产品必须是本地化。

再举一个案例。大家都知道外国人的饮食结构比较简单，他们喜欢吃汉堡、炸鱼、薯条等食物。麦当劳、肯德基这两家企业在进入中国之后，就想做本地化，所以肯德基做了老北京鸡肉卷，像我们吃春饼一样卷起来吃，这就是典型的本地化产品策略。

我觉得任何一个企业，如果想做好国外市场，就一定要做好本地化，这样才有做强做大的机会。

当年北魏孝文帝的汉化改革，让我们看到这样一个趋势：如果没有本地化，肯定不成功；但如果本地化特别激进、特别快，也会导致内部的分裂。

这种问题在企业中也会出现，比如我们熟悉的阿里巴巴。1999年，阿里获得融资后，做的决策都比较激进，马云提出将国内公司总部搬到上海，后又重新迁回杭州。因为阿里的服务对象多是中小商家，或者说是中小制造企业，杭州聚集着大量制造外贸企业，它们有实实在在的电商需求。上海多是大型国企、外资企业，搬到上海等于撤出主阵地。所以，你必须找到最适合你发展的位置。

通过孝文帝的案例,我想说明的是,企业管理和未来的创业和创新都不能太激进,不能搞得太快,一定要把节奏带好,之后赚钱和拓展全球市场才有机会。

对创业者来说,当你的资金有限,又想做大做强时,一定要做好本地化,更多地融入当地的资源中,才有可能继续发展壮大。在融合的过程中一定会遇到矛盾,但不要把矛盾激化,一定要控制好节奏。只有控制好节奏,最终才能变成一个全球化的企业。

第十一节 隋朝的"短命"与"远见"

隋朝以前,中央政府的政权受大地主阶层的影响比较大。

西晋、北魏时,很多大地主或者大庄园主把家丁变成了他们的军队,把钱饷变成了他们的财政收入。所以中央政权一直受到士族门阀的限制,皇帝的权力很小,而且经常要与士族门阀们博弈。

隋朝开国皇帝杨坚是通过逼迫北周静帝禅让而登基称帝的。称帝后，士族门阀的力量依然特别强大，杨坚担心自己的帝位不稳，就想建立一套特殊的官僚体系，来压制和对抗士族门阀的力量。

为了加强中央集权，他废除了原来的九品中正制，在民间搞了一套官员选拔制度，设立了分科考试制度，这就是后来的科举制。杨坚希望通过科举考试来选拔人才，形成一个由民间人才组成的官僚阶级，借以对抗原来的士族门阀。

除此之外，隋王朝的第二位皇帝杨广还做了一件大事——开凿大运河。

为什么要开凿大运河？

隋王朝当时面临一个很重要的问题：隋朝的国都是长安，而长安作为帝国首都的时间太长了，以长安为中心的关中地区，人口越来越多，过度地开垦导致水土流失严重，关中的土壤已经快种不出庄稼了，粮食生产满足不了大量人口的需求。同时，地表水跟地下水混合，水质污染严重。所以，以长安为首都的话，生活成本太高了。此时就很有必要修通一条大运河,将南方的粮食运到关中地区。

当时中国的经济中心已经从黄河流域逐渐转移到长江流域了。黄河文明时期,铁器不发达,主要是以青铜器为主,黄河边上的土地虽然不肥沃,但是很容易开采和耕种,所以人们最早聚集在黄河上下游地区。到了工具很发达的时候,人们就可以砍伐肥沃土地上一些大的灌木,开垦原始森林了。于是,整个经济带就发生了转变。此时,南方因为土地肥沃,粮食充足,人们生活比较富裕。

这时候修建一条大运河,就可以把南方富足的粮食运到北方来,调和南北经济之间的平衡关系。

除了运输粮食外,大运河还有什么作用?

隋文帝杨坚在位时,对地方政权的管控力度比较有限,隋炀帝通过开凿大运河,恰好可以对地方政权进行有效的管控。因为北方军阀需要运输物资,每个军阀只能控制大运河的一段,整个河段是控制不了的,只有中央政府能控制。所以依靠大运河,隋王朝可以把各地的军阀力量笼络在一起。他们必须听从中央政府的号令，否则中央政府就可以把他们的粮食给断了。这就是中央政权通过运河进行管理的一种手段。

然而，开凿京杭大运河耗费了中央政府大量的人力和财力，导致国库空虚。众所周知，每次王朝需要兴建大的工程时，就需要大量的人去服徭役，这些人不能去种田，就会导致老百姓的负担加重。

后世很多人说隋炀帝是一个大坏蛋，是一个昏君，其实从另一方面看，他是一个非常有战略眼光的人。

隋炀帝开通大运河，是一件造福后世的事。唐朝靠这条运河把南北的粮食周转起来，让北方割据的地方政权能听命于中央，唐朝由此兴盛了几百年。同时，大运河的开通也解决了资源不平衡的问题，让北方人可以不用着急南迁，让老百姓有粮食吃。人心安定了，社会就稳定下来了。这样南北经济保持平衡，中国就不至于分裂了，还是一个大一统的国家。

大运河的开通也给中央政府减轻了很多负担，中央政府从此不再需要完全依靠武力来控制地方割据了。在此之前，中央政府为了加强中央集权，需要远远多于地方割据势力的兵力，但如果中央要对地方保持绝对的兵力优势，就会导致军费开支浩大，中央财政压力很大。由此可见，大运河开通后，中央政府控制地方的成本会很低，不用再供养那么多兵了。

我觉得隋朝在历史上有两个创举：第一个是科举制度，老百姓通过科举考试可以实现圈层跃迁，普通人可以当官走仕途；第二个是大运河的开通，中央政府可以通过大运河的补给来控制地方军阀。隋朝虽然是一个很短暂的王朝，但它对此后中国历史的影响却特别大。

通过隋朝的历史，我们能学到点什么呢？

隋朝虽然是"二世而亡"，但它做的事却造福了后代。从做生意的角度来讲，我们要做那些有利于企业长期发展的事情。

对于创业者来说，有些创业项目在开始干的时候可能很难，但是对长期发展有利，那么我们就要坚持去做。正如链家的董事长左辉曾说的一句话："做难而正确的事。"

我觉得这句话对创业者来说启发还是很大的。

我们现在创业赚钱需要"磨刀不误砍柴工"的精神，一定要在一个正确的领域不断地投入和积累，这样到一定的阶段后才会厚积薄发。

人才的积累也是一样，"1万小时定律"告诉我们，在某个领域里面潜心钻研，做难而正确的事，经过长期的训练和积累才能成为专家。我们公司在有声小说行业干了16年，前8年都是不挣钱的，但我们仍旧一直在积累，到后边挣钱的时候，我们公司有上千个版权在产生收益，同行想追都追不上了。所以我们这几年挣钱变得非常容易，就是因为我们在前期修好了护城河。

所以，有时候我们不能光看到别人赚钱快的一面，还要学习别人的"磨刀不误砍柴工"精神。在前期做好护城河，才能长久地把其他竞争者挡在外面。

第十二节　唐代藩镇之乱的起因

一提起唐朝，大家就会生出一种自豪感，甚至现在国外仍然把中国人聚集的地方叫唐人街。那唐朝为什么能这么兴盛呢？有很多原因。

首先唐朝前期是一个特别开放的国度，我们可以发现，不管是文化艺术还是服装审美，唐朝都广泛吸收各族的文化，容纳外来的思想。开放的对外政策有利于取长补短，借鉴各国长处。

另外就是唐朝的人才制度。科举制度在隋朝创立，唐朝将科举制度推行至全国，对社会各个阶层广泛开放，上至世家贵族，下至庶民百姓都可参加。科举制度为唐朝政府选拔了大量的优秀人才，为唐朝的社会发展注入了新的活力，对唐朝的繁荣发展发挥了积极的作用。

尤其是经过几百年的民族融合，唐朝时期的主流思想就变成了"王者视四海如一家，封域之内，皆朕赤子"。外国来的留学生经过推荐甚至可以参加科举，很多外国人进入朝堂，当上高官。

第三个原因就是大运河。我们纵观中国历史，隋唐之后，中国没有太长时间的南北分裂，这是为什么呢？因为朝廷把控运河就把控了长江、黄河的粮食补给线。从隋朝开始，国家的经济中心和政治中心发生分离。之前我们以黄河文明为主，中国的粮食生产中心和政治中心都处于黄河中下游，就是我们常说的中原。但是从三国时期开始，长江流域的粮食产量不断增加，到了隋朝，江浙一带的粮食产量已经超过黄河流域，南方成了新的经济中心。

有了大运河，朝廷只要控制住运河就等于控制住了运河经过的地区。如果地方内乱，朝廷随时可以断了他们的粮食补给。

所以大唐盛世的形成是一个综合的结果。那唐朝又是怎么衰落的呢？其实唐朝衰落的原因有很多，比如出现大的豪族、外戚干政等，但一个重要原因是地方做大、颠覆中央。怎么理解呢？

唐朝的疆域十分庞大，中央的军事、行政命令无法及时有效地传达到边远地区。所以在一些战略要地设置藩镇，藩镇中主要以职业军人和军人家属为主，由节度使全权管辖。

每个节度使在自己管辖的藩镇中享有军事、税收、监察等大权。藩镇中将士的俸禄不是由中央支付，而是由节度使从地方收缴的税收中直接发放,所以藩镇中的士兵名义上是唐朝军队,实际上则是节度使的私人部队,完全听从节度使的命令。

我们熟知的安禄山就是范阳、平卢、河东三镇节度使,他当时主要的功绩就是抗击契丹。安禄山是粟特人,属于比较擅长经商的少数民族。当初,唐朝政府让安禄山去镇守边关,也是出于成本的考虑。如果唐朝政府专门从中央派遣一支部队去镇守边疆地区,成本很高。想要降低成本怎么办?就是地方势力,这就跟汉朝将归附的南匈奴放在草原民族和汉民族交界的地方,来防御其他势力的袭扰一样。

当时,安禄山也是这么一个角色,只是唐朝政府赋予他军政大权,这权力一大,人就容易膨胀。正好当时唐朝的腹地空虚,安禄山的叛军比较容易入侵。于是他就反叛了,带兵攻打中央朝廷。他是皇帝的干儿子,谁都不相信他会反,但他确实反了。

唐朝当时请了很多少数民族势力稳定边疆,在这个过程中,一旦中央没有两到三倍以上的兵力,形成对地方的震慑力,地方就很容易发生反叛。可一旦中央政府养的兵过多,财政负担就增大。所以中央和地方一直是有博弈的。

古代中国的各个王朝大都是通过博弈、威慑来管控地方的割据势力，一般不到迫不得已的情况下，不会轻启战端，因为一打仗中央整个财政体系就很容易崩溃。在解决这些问题的时候，每个朝代都有不同的智慧。

汉朝初年，刘邦去世后，吕后专权。匈奴人的挑衅力度很大，汉王朝也不敢打，还是以送礼和亲解决问题。因为他们知道，打仗基本没好结果。

因此，对皇帝来说，每一次战争都是极大的冒险，能不打就不打。唐代藩镇叛乱这段历史对于我们经营企业来说有什么启发呢？如果把唐朝看成一个公司，那就是总公司成立了若干分公司，最后分公司发展大了，把总公司颠覆了。

现在很多公司都是全球化产业链，一个产品可能在全球有很多配件供应商，由于对配件商的依赖，品牌方很容易陷入被动状态。这方面可以向苹果学习。我们知道苹果公司是典型的品牌输出企业，负责创意和设计，产品制造由供应商提供。苹果公司的供应商遍布全球。2021年，苹果公布了供应链名单，全球供应商高达190家，而且每年苹果供应商都会有所增减，同一配件也会有数个备选供应商，这个机制完美地解除了供应商对品牌方的限制。接任苹果 CEO 之前，库克就是供应链专家，"果链"供应商的选择和考核标准都是他建立的。在赚钱的时候，我们总是本能地想怎么做大，但是在做大的过程中，我们也要想好怎么控制风险，怎么进行平衡，大公司与分公司、分公司与分公司之间都需要平衡。像有些企业有轮值 CEO 制度，有些企业看到分公司做大就会及时进行分拆，都是在做平衡。

第十三节　宋朝到底富不富

宋朝在我们印象当中是特别富裕的一个朝代，同时也是一个积贫积弱的朝代，给人一种特别矛盾的感觉。

宋朝在文化发展的高度上曾达到一个新的巅峰，比如唐宋八大家之中有六位都是宋朝的。同时在政治制度上也非常开放，当时朝廷不杀士大夫，士大夫和皇权之间形成很好的合作和平衡。

在宋朝当官是很舒服的一件事，因为受到尊重。宋神宗时期的改革家王安石虽然变法失败，遭受那么大的迫害，但最终生活也还不错。在宋朝，对于官员来说，犯了错误顶多就是发配，没有杀头。

所以当时不管是大家族还是普通人，考科举的积极性非常高。除了重视文化，宋朝也比较重视商业，商人在宋朝生活得也不错。

宋朝的贸易做得很厉害，中央政权在跟少数民族政权对峙的同时，在经济上仍在互通有无，先给少数民族一些好处（如茶叶、食盐等），等他们习惯使用这些东西后，就得向宋朝这边购买，这样就把贸易做大了。

而且当时由于丝绸之路被切断，宋朝开始发展海上丝绸之路。朝廷主动与周边几十个国家和区域发展贸易，造船技术也在宋朝得到了极大地发展。

这是宋朝强大的一面。

宋朝积弱的一面在哪里呢？打仗不行。

西夏与宋朝打仗的时候，青盐就是他们的命脉。宋朝政府一纸令下，不再进口西夏的青盐，西夏的经济一下就被搞崩了。但是后来，宋朝在与西夏的多次战争中，总是节节败退。

为什么宋朝对外这么弱呢？

其实这跟开国皇帝赵匡胤有关系。

赵匡胤结束了五代十国大分裂的局面。五代十国的时候，军阀割据混战，各路军阀都占据着几个山头，赵匡胤出来收拾残局。最终赵匡胤通过陈桥兵变夺取了帝位。称帝之后，他就发现军人执政风险很大，军人当寡头很容易把自己的主子给颠覆了。所以，赵匡胤上台之后，就以"杯酒释兵权"的方式把军权收回来，给这些陪自己打江山的兄弟一些官做、一些钱花，让他们不再掌握兵权。这也导致后来宋朝的作战能力不行。虽然宋朝的兵不少，但是武力很弱，因为大家知道打仗时"兵熊熊一个，将熊熊一窝"，没有杰出的将领率军作战，对外打仗的力量就很不足。

所以，一个国家内外必须都强大，这个国家的经济和政治才能稳定，要不然国内的经济再繁荣，没有军队国防作为保障，最终的成果也是保不住的。

通过宋朝的案例，在创业中我们可以学到什么东西？那就是创造财富之后要有保护财富的能力。很多公司赚钱的能力特别强，但是由于不能很好地守住，很快就不行了。比如二十多年前的三株药业。

三株药业的创始人是吴炳新，当时他认定保健品是一个大市场，于是推出了三株口服液。由于当时广告和药品管理没那么严格，各种宣传加上疯狂砸电视广告，并且在全国农村到处印刷广告语，1996年销售额达到80亿元。

1996年湖南老汉陈伯顺因为患有一些基础病，喝了三株口服液后产生高蛋白过敏症，最终不治身亡。陈伯顺的家人将三株口服液告上法庭。三株集团在此次诉讼中失败。其实在此之前，全国已经有很多患重病的老人在喝了三株口服液之后病情快速加重，甚至有几位患者死亡。但是三株集团刚开始仗着公司大，一直采取回避态度，整个公司从产品改进到危机公关、法务赔偿方面都没有及时响应，后来三株集团就申请了破产。而当我们知道宋朝崛起和灭亡的原因和时代背景，有了这样一个比较宏大的历史观后,就能够对财富的保卫有一定的反思。了解宋朝历史后,大家要多反思一下,我们在财富这一块应该如何实现很好的传承和保护。

第十四节　元朝崩溃于原生制度

元朝的寿命很短,不到百年。很多人都好奇,为什么蒙古人那么能打,把版图扩到很大,而王朝的寿命却这么短。

我们以前提过,打下江山后是要管理的,那元朝是怎么管理江山的呢?宋朝有很多皇帝都很平庸,但能维持那么久,原因就在于它有一套文官制度,保证了国家机器的正常运行。而到了元朝之后,就没有这套制度保障了,全靠君主个人的能力和素质来治理国家。

开国皇帝一般都比较厉害,因而能镇得住场子,但他的后世子孙是从拥有皇室继承权的很小范围内的那几个人里面选出来的。如果继承人治国无方，这个政权就会不稳定。而且元朝的继承制度问题很大。

蒙古人在草原的时候，继承制度是幼子继承制，大家都知道中原是长子继承制，为什么蒙古人是幼子继承呢？因为蒙古人的孩子在成家后，就要离开家庭，而且年龄越大的离开得越远。儿子们离开时都会带走家里的一部分财产和牲畜，但大多数家产却还留在家里，会留给父亲最小的儿子。最小的儿子其实是留着养老的。但不代表他就是最终继承人。

蒙古还有"忽里台大会"制度，其中一项功能就是推举领袖。如果大会不支持小儿子当继承人，那他最后也当不了，因为蒙古人不像中原人，即使太子年龄很小也可以当皇帝，有大臣帮他治理。蒙古的继承人要求能立刻带领大家抢地盘或者抵抗其他部落的侵扰，对继承人的能力要求很高，必须是能力出众的成年人。而且即使小儿子最后成为继承人，有时也会被他的哥哥及叔伯们篡位。

忽必烈建立了元朝，继承制度出现变化。因为受到中原文化的影响，他接受了长子继承制度，但是其他跟他打江山的蒙古人不接受，所以元朝出现了幼子继承制、忽里台大会、嫡长子继承制三种制度并行的情况，元朝的皇位继承就显得非常混乱。所以，我们发现元朝经常是上一任皇帝去世后，皇位空了好几年，就是因为各方都在博弈。

除了继承制度，蒙古人那种游牧民族的管理方式也不适合管理农耕民族。蒙古人是怎么管理江山的呢？

元朝将老百姓的社会地位分成四个层级：第一级是蒙古人，第二级是色目人，第三级是北方的汉人，第四级是南方的汉人。而且元朝没有科举制度，像国家税收采用的是承包制，就是由商人（大部分为色目人）承包一个区域的税收，当时叫"扑买"。

朝廷不设征税人员，由商人通过招标投标的方式对一个地区或税种进行承包，预先向国家支付一定的钱，取得征税的权力。1237年，西域商人就想用140万两白银买全国课税。

那么，元朝为什么还能坚持90多年呢？

重要原因之一就是打通了丝绸之路。通过丝绸之路，元朝建立起了一个财政体系。元朝整个的税收靠色目人帮其经营，因而它的财政体系一直能运转下去。

元朝时期中国的贸易比较发达,《马可·波罗游记》就是在那时候写的。由于没有科举制度,文人只能投身于艺术创作,大量元曲被创作出来。但很多问题经过几十年的积累,还是会爆发的。

隋唐以来的封建王朝靠什么来守江山呢?

靠的就是科举制度。科举考试的成功率虽然很小,但至少能让老百姓有向上突破圈层的希望。在古代治理整个乡村,很多时候靠的是宗祠。很多宗祠都是一个大家族供一个学生,靠三代之力去搞定一个进士。大家族有这么一个希望,他们会造反吗?不会。他们有这样向上奋斗的心态的话,社会的基层政权就比较稳定。

而元朝废止了科举考试,降低了儒家思想在中国大地上的地位,知识分子没有出头之日,这对整个社会的稳定是非常不利的。虽然人们能通过做买卖挣点钱,但中国历朝历代对商人都不尊重。士农工商,商排在最后,社会地位比较低,所以大家都希望通过考取功名获得社会的认可。

老百姓没有阶层跃迁的机会,一旦有人揭竿而起,就会有大批人响应。如元末的张士诚、陈友谅等,他们都是贩盐起家的有钱人,有能力聚集资源跟元朝政府去对抗。

元朝也不想打仗,因为统治中原几十年之后,他们的武力已经退化了,只能靠收买这些所谓的军阀势力,把他们变成正规军。而那些军阀势力根本靠不住,一旦要求得不到满足,他们就会造反。

从企业管理的角度来看,很多创一代都非常擅长"打江山",他们开疆拓土,打下了非常不错的商业版图。但到了守江山的时候,很多人缺乏管理能力,打下来的江山守不住;还有些人能守住,到交班的时候,不管是人选还是过程,都出了很大问题。

企业家二代交班,娃哈哈做得不错。宗馥莉 2018 年进入娃哈哈,在品牌公关部、销售公司都锻炼过,成绩都不错。宗庆后的态度也比较谨慎,从"能否接班有待观察"到"把女儿扶上马送一程",再到"看女儿愿不愿意"和最终"要放手让她去做"。

宗馥莉接班后,推进了换代言人、研发新产品、与大 IP 联名等多项改变。市场是不断变化的,尤其是中国这几十年变化特别快，一代和二代面对的环境差距非常大，好多二代接班后都要面临企业转型、战略升级等问题，对二代的挑战很大，他们也需要一个磨炼成长的过程。

还有很多企业家选择用"家族办公室"的方式传承财富。家族办公室是指专为超级富有的家庭提供全方位财富管理和家族服务，以使其资产的长期发展符合家族的预期，并让资产能够顺利地进行跨代传承和保值增值的机构。这个形式起源于1882年成立的洛克菲勒家族办公室。

其主要方式是成立专门的团队，包括律师、注册会计师、投资管理、股票经纪人、保险代理等专业团队，监督整个家族的财务、风险、健康、教育等状况。

还有很多企业家交班的时候不会传给二代，而是采用职业经理人制度。比如美的，美的的创始人何享健在考虑接班人的时候，没选择自己的子女，而是让职业经理人方洪波接任美的集团董事长。由于方洪波在美的工作多年，接班前后都比较顺利。

所以，企业家在权力交接上一定要早做考虑，并且要会使用制度的力量。如京东的刘强东早期就为自己设置好一票否决权，即使自己占的股份很少，但是设置的机制对他非常有利。

从历史来看，任何一件事都不是非黑即白的，任何一件事都能带来不同的结果——好与坏。所以，不管是经营家庭，还是经营企业，都得内外兼修，把事情考虑长远一些。比如在财富传承这件事上，我们要提早做规划。

欧洲有很多大的家族，他们看重的不是给子女留下多少房产、多少现金，而是能不能给子女留下一个文化传承的载体，像罗斯柴尔德家族、摩根家族都是如此。他们都给后代留下了家训，当这些文化能够传承下去时，财富就能保得住。

第十五节　明朝人口大爆炸与"光合作用"

朱元璋创建明朝的时候，是了解元朝的那些弊端的。元朝最根本的弊端是把人分成了四个等级，汉族人是最低等的。而且元朝取消了科举考试，汉人没有了出头之地。另外元朝的政权交接不是继承制，容易内讧，一内讧政权内部就出现问题了。

所以，到了朱元璋时代，他规避了这些弊端，让明王朝能够持续很多代。在政权交接方面，除了朱棣之外，还是比较平稳的。

朱棣在位时，大航海时代已经到来，因此，朝廷既要做好陆防，也要做好海防，军费支出就比较大。这时候，他选择内撤几十公里，防止日本的倭寇等入侵。所以，明朝开始搞海禁，将正面的贸易通道堵上，民间只能通过走私来获取利益。

朱元璋创建明朝的时候，他设计的体制是很好的，比如他搞了两税制。两税制是从唐朝就开始搞的，针对土地收税，夏季一次，秋季一次，这种税制是相对比较稳定的，而且税收并不高。当时，官员的俸禄比较低，一旦哪个官员贪污，就依靠酷刑，让官员不敢贪污。明朝后来又搞了监察制——东厂和西厂，主要用来对付官员结党，因为一旦官员结党就会对皇权产生冲击，这样，皇权就渐渐落到所谓的"阉党"的手里去了，于是出现了像魏忠贤这样的大宦官。

从整个明朝的兴衰来看，它的最根本原因是，明朝末期的负担是比较重的。

整个明朝历时将近300年,在这300年里,什么东西最终会发展得特别多呢?人口。明朝末年,皇族的人口已经达到几十万,供养皇族的财政经费仅次于军队,是明朝的第二大支出。特别是大航海时代以来,美洲的玉米、甘薯运到中国来,物产多了之后,人口增长更快,然后就需要更多的粮食。

因此,明朝末期的财政负担就变得很重。而且,明朝后期赶上了小冰河期,期间灾难不断,生产特别不稳定。在盛世的时候,明朝出生了那么多人,到灾年的时候,很多人吃不上饭,政府的财政负担就非常重。明朝政府的第一步措施是实施财政紧缩,削减"公务员"队伍。

全世界范围内都是这样的,体系内的人更了解体系的弱点。

明朝末年的时候,军费不足,辽东战事吃紧。在公务员裁减的同时,军队的开支和皇室的开支都特别大。再加上通货紧缩,白银数量的减少。在这几个综合因素的作用下,明朝就走向了灭亡。

明朝的兴亡对我们今天经营企业、家庭,有什么样的启发呢？

明朝是典型的人口增长、收入没增长。收入有办法增长吗？其实有的。明朝已经处于大航海时期了，同时期英国在搞海外扩张，而我们没有加入全球贸易体系，就会出现熵增现象。就是随着时间变化，一个系统会走向自我衰败。那如何才能对抗熵增呢，其实还是有办法的。封闭系统会出现熵增，如果处于开放状态，那熵增就不起作用了。我们还用企业案例来说明。

第一个案例是微软。20世纪末，微软的IE浏览器占据了浏览器市场九成以上的份额时，1998年5月，美国司法部宣布向微软发起反垄断诉讼，在后来的20余年里微软一直疲于应对各个国家对其开启的反垄断调查。

随着移动互联时代的到来，微软还在固守台式电脑的软件业务布局。2014年，微软第三任CEO萨提亚·纳德拉上任，确立了"移动为先，云为先"的发展战略，最终微软通过人工智能、连接智能云和智能边缘，将云计算能力与智能感知设备相结合，最终成为云计算巨头。仅用4年时间微软便重回行业头部。截至2021年底，微软过去6年的股价一路狂飙，市值翻了4倍多，最高突破2.5万亿美元，甚至一度超越苹果，登顶全球市值第一。

腾讯也同样经历过从封闭到开放的过程。2010年有杂志文章指责腾讯是所有新互联网公司的公敌，很多产品都是抄的，依靠QQ带来的庞大入口和流量，腾讯在游戏、内容等领域轻易就能击败市场上曾经的领先者。最引人注目的则是360与腾讯之间的3Q大战。

2010年5月，腾讯悄然将QQ医生升级并更名为"QQ电脑管家"。新版软件增加了云查杀木马、清理插件等功能，涵盖了360安全卫士所有主流功能。两家公司随后互诉对方，在软件方面也出现冲突。腾讯提出让客户选择——要么卸载360，要么不能用QQ。最后在工信部的出面调停下风波才得以平息。

以3Q大战为界限，腾讯确实做出了颠覆性的改变。腾讯宣布将原先封闭的公司内部资源转而向外部的第三方合作者无偿开放，包括开放API、社交组建、营销工具及QQ登录等，且与其他领域通过资本形成结盟关系。在过去的十多年里，腾讯也实施过一些并购，但是几乎全部是控股或全资收购式的，它们与腾讯的现有业务有强关联性，大部分发生在网游领域，形成"只求共生，不求拥有"的理念，从帝国型转为生态型——帝国型是我赢你输，生态型是共创共赢。腾讯投资京东、猎豹移动、滴滴、永辉超市都是遵循这个资本核心能力"共生"的生态战略。

还有我们熟悉的苹果IOS系统、亚马逊平台等都把自己做成开放式平台，用的人越多，发展越快，永远有新鲜的空气与血液进来，"流水不腐，户枢不蠹"说的就是这个道理。

我们不能把全世界所有分工的事，自己都给干完了，那样的话整个社会的生产效率一定是落后的。从明朝、清朝的兴亡就可以看出，我们完全是自给自足，不需要同外边的世界进行合作，那样的话我们会落后的。其实这就是所谓的熵增定律。为了熵增，我们需要减少内耗，建立开放式的系统，为社会不断注入新的要素，吸收新鲜的养分，不断地去合成新的物质，这样我们就不用担心在转化的过程中有能量的损耗。就像我们经营一个公司一样，需要不断地引进新鲜的血液。有的员工思维固化了，怎么激励他都不行了，就要招新员工进来。同样，有的业务老化了，那就应该及时转型，该淘汰的就要淘汰掉。

无论是个人还是产品，只要跟社会完全脱轨了，倒闭就是必然的。所以，我们要建立一个开放的人才系统，一个开放的产品开发系统，来对抗环境的变化。

第十六节　清朝的转型失败

整个清朝的历史，起步是很好的。清军入关的时候，把一些少数民族部落给联合起来了，不仅联姻，还让他们保持相同的信仰，用宗教的力量把他们联系在一起。军队的建制以部落为主体，分为八旗。此外，清朝还有一个很好的军功继承制度。所以清朝的中央集权做得非常好，在管理技术上达到了非常高的水准。

什么是军功继承制度？也就是父亲打仗战死了，他的儿子、孙子会有军功继承，这样会激发士兵的作战积极性。为了自己的后代而战,他们在打仗时会变得非常勇敢。

在皇位继承方面,清朝也做得很好,传儿子,而不是传弟弟,避免了内讧。王朝内部最容易出现太子之争,大家知道太子背后还有太子党,太子最大的"敌人"就是当朝皇帝,所以当朝皇帝要防着自己的儿子,同时太子跟其他兄弟之间还有竞争。李世民就是杀了两个兄弟才上位的。所以古代这些王朝,皇位的传承一直是个难题。清朝把这个问题很好地解决了,它立储不宣,在正大光明匾后边放一道密诏,在圆明园里面还有一个副本,在皇帝去世时把它打开,两个合在一起,确定继任者。

所以,从军功继承制度到皇帝的传承制度,这两点清朝都做得特别好。

康熙能征善战,削了三藩,打了噶尔丹,收复了台湾,奠定了王朝的基础。当没有外部敌人时,康熙喊出了"永不加赋"的口号。清朝之前,中原一直有草原民族的威胁,所以一直要有常备军和大量的军费支出。清统一后,北部威胁减少,也就不用养那么多常备军了。军费开支减少了,政府的负担就少了很多,所以,康熙才有这样的资本说"永不加赋"。

雍正在位时又搞了一个土地改革，摊丁入亩，针对土地收税，这样地主的负担就会加重，而普通老百姓的负担则会减轻。税少了，老百姓就可以多养活几个孩子，所以人口增速比较快。此外，他还提高了官员的工资，怎么提高呢？火供这部分变成养廉银，是工资的10倍，同时又设置监察制度，3000多人有权给皇帝上密奏。当给了官员这么高的俸禄后，他就不敢再贪污、打歪主意了。

为什么清朝后来没落了呢？

因为农业时代要遵循马尔萨斯规律，人口和土地到一定规模之后，一定会出现内乱，要不然养活不了这么多人。到清朝末期的时候，中国的GDP总量虽然占全世界的1/3，但人均GDP比英国要差很多。那时的中国人根本吃不上面包，喝不上牛奶。而同期的英国人已经在吃面包吃鳕鱼了。所以，当时的中国虽然很大但并不强。

我们从清朝的发展过程中能看到什么呢？

这个王朝曾经强大过，有自己的辉煌和优势，但又很难随着时代的变迁去学习、去彻底改变自身的状况。所以清朝没有赶上工业化。

所以，我们看清朝的案例，能学到什么呢？

你一定要了解，组织的变革往往不是从上到下的变革，而是自下而上的边缘式的创新。比如大家经常使用的微信，它的诞生就是边缘式创新的典型案例。当时，不光是张小龙这一个团队在研发，好多团队都在研发，而正好张小龙是一个边缘型的团队，他们把微信先开发出来了。这就是边缘式创新的典型案例，因为创新必须容错，如果是核心部门，那它的容错度比较低，反而是边缘区域更能容错。

同样的例子还有瑞幸咖啡。瑞幸成立于2017年，陆正耀依靠快速扩张自营店，并进行高额补贴，于2019年5月在美国纳斯达克上市。2020年5月，瑞幸因被指控财务造假而退市，之后管理层的陆正耀、钱治亚等老将退出，郭谨一成为新掌门人。此后瑞幸开始调整战略，强调精细化运营。

2022年，瑞幸营收、利润、利润率均创新高。它是怎么翻身的呢？一个重要原因在于管理层改变了策略，充分调动员工创新的积极性。早期瑞幸的产品研发人员特别少，新管理层上台后增加大量研发人员,并建立了内部盲测赛马机制,鼓励多个团队同时进行研发,授权年轻研发团队推出新品,因为他们更了解90后、00后的消费偏好,最终通过哪款产品由产品团队独立决定。瑞幸依靠一整套创造优秀产品的机制,建立了团队内部的"策创会",在产品、营销、研发、定价等方面不断打磨。2021年,瑞幸新品数量高达113款,上新速度远超星巴克,甚至高于茶饮行业的头部企业。这就是把人员积极性充分激发出来的结果。

所以,经济的活跃度,往往不是中心式创新,而是边缘式创新。清政府也曾有很多改革,但是,最终落地的时候都不成功,洋务运动就是很典型的一个案例。所以我们从清朝的历史中就能看到,公司应该怎么创新。我们更多要做的是,把每一个基层员工的积极性给发动起来,鼓励他们去创新,这样比依靠老板"一个聪明大脑"的模式更有优势。

第三章

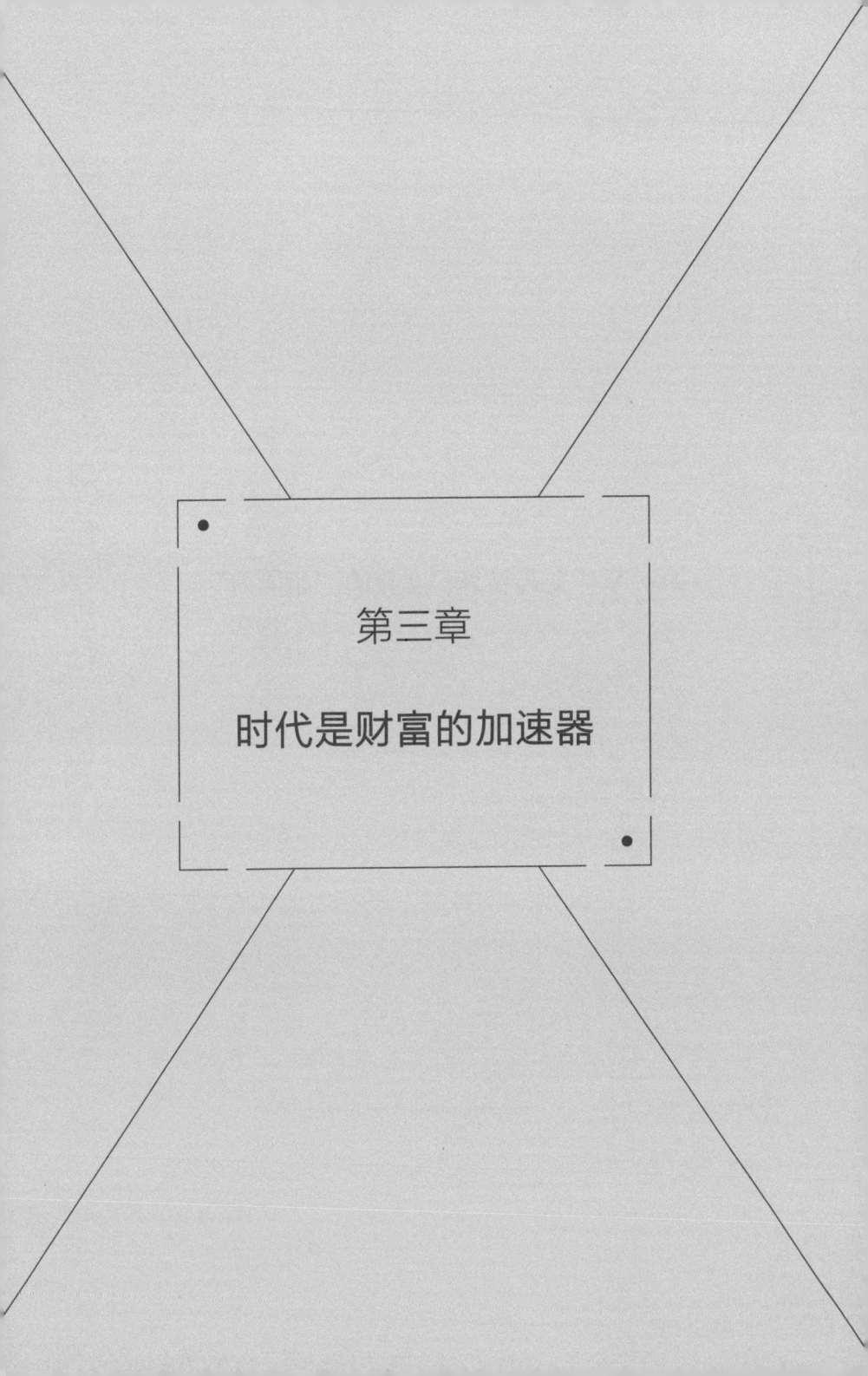

时代是财富的加速器

第一节 文艺复兴：文化的"超能力"

欧洲文艺复兴大家都比较熟悉，发生时间是 14 世纪到 16 世纪。对于文艺复兴，大家可能最先想到的是艺术家，那么文艺复兴是怎么产生的？为什么会诞生那么多璀璨的艺术大师，综合各领域学者的研究，主要有三个原因。

第一个原因是战争导致大量人口迁徙。1453 年，奥斯曼帝国攻陷君士坦丁堡，东罗马帝国的许多贵族、学者带着大批的古希腊和罗马的艺术珍品和文学、历史、哲学等书籍逃往意大利。意大利是古希腊文明的前沿阵地和古罗马的发源地，保留了大量的古希腊、古罗马文献，为文艺复兴提供了重要的文化基础。

第二个原因是人们思想的觉醒。阿拉伯百年翻译运动保留了大量的古希腊、古罗马文化。十字军东征之后，这些文化被重新发现。看到古希腊人对神的态度，古代的先人可以质疑神，神也并非完美，人并不是卑微的，生活在中世纪的人大脑中的枷锁被打开了。

第三个原因是当时的资本主义萌芽已经产生。当时，银行家、商人完成了一定程度的财富积累，他们投入大量的金钱到艺术赞助上，比如出资修建教堂，赞助艺术家进行艺术创作等。

艺术、宗教、资本相互融合的现象在中国也出现过，就是我们熟悉的敦煌。

丝绸之路从西安开始，经戈壁、沙漠、翻山越岭，最后通过地中海到达罗马，到达以后，商贸的利润非常大。但是这一路上非常危险，甚至要以命为代价。一边是高利润，一边是高风险，可想而知当时商人内心的恐慌，解决办法就是找一个精神寄托。

商人经常要经过敦煌地区，渐渐地，这些商人赚了钱后，就开始在这里建一些寺庙。商人之间还有攀比的习惯，"你比我挣钱少，还比我的建得大，那我下次做生意成功，就要建得更大"。于是，经过几个朝代，敦煌那边的寺庙越建越多，就形成了一个建筑群，到今天变成非常伟大的一个文化奇迹。

商人、宗教和文化也是互相融合的，跟我们看到欧洲的文艺复兴是一样的。所以，东西方之间有很多东西都是相通的。文化是打开财富的一个密码，我们再看中国最大的水果零售企业百果园，它起家靠的是一个"信"字。百果园有一个"不好吃三无退货"的售后条款（顾客无须将申请退货的商品退回、无须提供购买商品时的购物凭证、无须对退货缘由进行证明公示，即可行使申请退货的权利）。这就是先承诺、先付出的信义，你觉得不好吃，那就申请退款。会不会遇到恶意退款的人呢？肯定会。但是现在有大数据手段，如果一个人频繁退款，大数据能筛选出来，以后不卖给这部分人就可以。

仁义礼智信是刻在中国人骨子里的，我们正在重新审视它们的价值。这与文艺复兴一样，都是很多有用的、美好的东西在被埋没了成百上千年之后，又被重新发现，加以利用，创造出更大的价值。仁义礼智信是我们中国人非常认同的标签，新东方创始人俞敏洪退租校区后,把8万套桌椅捐出去,这就是他的仁义精神。我们以前总觉得文化是书本上的知识,其实文化对我们创业、赚钱的作用同样非常大。

第二节　大航海中先行者启示

　　大航海时代发生于15至17世纪,伴随着新航路的发现,东西方之间的文化、贸易交流大量增加,殖民主义与自由贸易主义开始抬头。那大航海产生的原因是什么?

　　欧洲开始大航海,第一个原因是原生环境。我们知道生活在地中海的人,从很早就开始海上贸易,所以航海对他们而言是生产生活的一部分,只是以前的目的地比较近。那为什么需要远航呢?这就要说到第二个原因。

　　奥斯曼帝国攻陷东罗马之后,把丝绸之路最后一段控制住,所有货物经过时必须缴税。其实以前丝绸之路上的国家也收税，但奥斯曼帝国将税收提高了十几倍，商人缴完税只能让商品涨价，但是涨太多也不行，所以当时的贸易之路几乎等于被切断了。

奥斯曼帝国对交通的控制影响了欧洲的两件大事。欧洲人最看重两件事，一件是赚钱，尤其是威尼斯和热那亚商人；另一件事是传教。当时的东方在欧洲人看来是遍地黄金的地方，如果能从海上到达东方进行贸易，那么赚钱、传教两件大事也许就能实现。

于是，出生于热那亚的哥伦布就去寻找"天使投资人"，因为当时王室最富有，哥伦布就先去找王室借钱，结果他被葡萄牙国王拒绝了，理由是航线太长，风险太大，有可能投的钱打水漂。后来，他又去游说西班牙国王，西班牙国王认为值得一试，就支持了哥伦布这次大航海。

为什么哥伦布敢做第一个吃螃蟹的人呢？因为这个时候大航海所需要的三大技术条件都成熟了。

第一是造船技术。15世纪，葡萄牙人在横帆船上增加船艏桅杆，随后改造成风帆战列舰，命名为"克拉克大帆船"。这种船体形大、船身重、空间大，挂三角帆，多甲板，安装有巨大的炮座，有更好的视野，可以进行贸易、作战和远航。哥伦布、麦哲伦远航用的都是克拉克大帆船。

第二是指南针。早期海上航行，白天靠太阳、晚上靠星星辨别方向，阴天时辨别方向比较困难，指南针的发明让导航不再受制于气候，对人类海上航行起到了重大的推动作用。所以说，指南针是世界航海史上的一项重大发明。指南针发明于我国战国时期，在北宋时广泛用于航海，12世纪末至13世纪初，经海路传入阿拉伯，然后传入欧洲。这也是哥伦布大航海的必备物品。

第三是发现季风规律。近海与远洋航行，船舶的主要驱动力是海风，特别是根据季节变化定期而至的季风。季风是由太阳对海洋和陆地加热差异形成的，进而导致了大气中气压的差异。

1492年8月3日，哥伦布率领3艘轮船，历时70天，到达了美洲的西印度群岛。1493年9月25日，哥伦布再次出发前往美洲，规划了更远的路线，但航行了34天后再次到达西印度群岛。原来，哥伦布第一次去美洲是逆着北大西洋暖流航行的，逆风逆流，时间较长；而第二次去美洲是顺着加那利寒流和北赤道暖流航行的，顺风顺流，时间较短。此后，欧洲人去美洲时大多沿第二条航线航行，既缩短了航行的时间，又大大减少了事故发生的概率。哥伦布以为到了印度，其实是到了美洲，因此把当地的原住民称为"印第安人"。

我们再来看葡萄牙。大航海使用的克拉克帆船是葡萄牙制造的，葡萄牙拥有当时最先进的造船技术，尤其是多层甲板安装炮台的设计，在海战中占有很大优势。1497年，葡萄牙国王派达·伽马探索前往印度的航道。1498年，达·伽马一行人绕过好望角，沿着非洲东海岸北上，终于抵达印度的卡利卡特，这是欧洲人首次抵达印度。

葡萄牙人到达印度后，并未向内深入，只是控制海港海防线，垄断了关键的贸易点。因为葡萄牙面积小，人口少，文化包容性不强，排斥异教徒，不具有统治殖民地的资源与能力。在16世纪时，葡萄牙被西班牙吞并，只能靠海外孤岛殖民地，他们虽然在中国的澳门、日本实施了殖民统治，但都不是太稳。

再看西班牙。西班牙在南美抢了很多白银，但国家并没有因此变得富强，为什么？一是因为当时的国王没有远见，税率制定得比较高，当地人有钱以后只在当地消费，不在当地投资。二是国内货币变多，物价随之涨了四五倍。以前，他们没那么多钱，开发美洲后，突然有了那么多白银，就导致通货膨胀，平民的生活条件并不好。

那西班牙的钱最终流向哪里呢？流向了投资环境好的地方，比如荷兰、英国等国家。可以看出，国家的政策在钱的流动上也是很重要的。后来，西班牙的无敌舰队被英国皇家海军给打败，西班牙开始没落。

可以看到，美洲大陆的发现、新航道的开辟对世界产生了很大的影响，但是两个大航海的先行者却没有因此变得强大。这是什么原因呢？因为后期机制设计缺陷。我们在商业上也经常可以看到这样的案例，很多企业做了行业开创者，但都被有后发优势的企业所超越，如小米开发的"米聊"。2010年12月，米聊App发布，致力于打造出头部智能手机社交App。而就在米聊上线的同时，腾讯内部已经在张小龙的带领下开发出一个叫作"微信"的产品了。2011年1月,张小龙带领的微信团队正式推出了"微信1.0版本"。

很多企业开始阶段的创意和形式都很好,但到后期时,一旦竞争激烈,就被后起之秀赶超,这就是典型的"拿得下,占不住"。任正非在华为市场部的一次讲话中提到"狼狈组织计划",这个计划是从狼与狈的生理行为归纳出来的。狼有敏锐的嗅觉、团队合作的精神,以及不屈不挠的坚持。而狈非常聪明,但因为个子小、前腿短,在进攻时不能独立作战,因而它跳跃时会抱紧狼的后部,一起跳跃,就像舵一样操控狼的进攻方向。狈很有策划能力,也很细心,能稳住大后方。这个故事告诉我们,企业在规划时,一定要考虑后期机制设计,这样才能在激烈的市场竞争中活得更好。

第三节　大航海：霸主是怎样获取财富的

前面已经说过"起得早，不一定好"的西班牙和葡萄牙这两个国家，如果说它们是大航海时代的"前浪"的话，那么后面的荷兰和英国应该就是"后起之秀"。

我们先来说说荷兰。

荷兰有一个优势，就是"沉浸式"体验过大航海。为什么这么说呢？荷兰早期是西班牙的殖民地。1581年，荷兰宣布独立。1588年，荷兰正式建国。荷兰人擅长做生意，西班牙大航海的时候，他们的帆船到哪里，荷兰人就紧跟到哪里，参与了殖民与贸易，所以他们对大航海一点都不陌生。眼看着西班牙赚到钱，再看着他衰落了，荷兰肯定会吸取教训，摸索改进。

荷兰看懂了大航海的"核心本质"：大航海是资本密集型活动，需要很多钱才能干成，而且风险很大。当时航线虽然成熟，但船在海上随时有可能遇到暗礁、暴风雨、海盗袭击、土著杀戮、坏血病、疟疾、痢疾、瘴气等情况导致船毁人亡、人财两空。所以，哥伦布和麦哲伦在开启大航海之前都是先找皇室或者贵族做赞助商，因为他们有钱。

商业一定要回避风险、控制风险。荷兰为了分摊贸易风险，开创了股份公司制，世界上第一家股份制公司便是荷兰东印度公司；为了鼓励全民参股，分散商业风险和利益，荷兰在阿姆斯特丹建立了世界上第一家股票交易所。这就相当于是大家一起"凑份子"搞大航海。把"凑份子"制度化，就产生了公司。

大家都知道荷兰有东印度公司，而英国也有东印度公司，很多人分不清楚这两个东印度公司。其实，荷兰东印度公司以海上贸易为主，基本不做殖民统治。而英国东印度公司除了海上贸易外，还做殖民统治。他们在印度扎下根来，代表英国政府统治当地，公司里面有军队，需要负责打仗和抢地盘，同时公司还要负责组织农业生产。所以，英国东印度公司既是商人又是士兵，最高长官既是总经理，又是当地的总督。简单来说，英国兵商合一，而荷兰只想控制东方的贸易航线。

荷兰后期开始造船卖给周边国家，做服务贸易。荷兰的商船吨位占当时欧洲总吨位的 3/4，拥有 1.5 万艘商船，几乎垄断了海上贸易。挪威的木材、丹麦的鱼类、波兰的粮食、俄国的毛皮、东南亚的香料、印度的棉纺织品、中国的丝绸和瓷器等，大都由荷兰商船转运，经荷兰商人转手销售。当时的阿姆斯特丹是国际贸易的中心，港内经常有2000多艘商船停泊。因此，荷兰有"海上马车夫"的称号。1672年到1678年的法荷战争让整个欧洲格局改变，法国成为胜利者，导致荷兰、西班牙与瑞典三大强权于18世纪初期走向衰落。

我们再来看英国。

英国也有一个先天优势，就是统治制度优势。英国在1215年签订了《大宪章》。什么是《大宪章》？本质上是限制国王的权力，强调国王只是贵族"同等中的第一个"，没有更多的权力，国王的命令可以被否决。1688年，新贵族阶层联手新兴资本家集团发动了推翻英王詹姆斯二世的政变，英国史学家将其称为"光荣革命"。次年，英国议会通过的《权利法案》奠定了国王受制于议会的宪政基础。这有什么好处呢？

我们都知道，大航海时期，航海和战争频繁发生，需要不断地筹钱，此时的国家收入有三种形式：货币发行、收税和借债。

货币增发容易引起通货膨胀，提高税收是与民争利，只有向民间或资本家借债是对经济伤害最小的方式。但当时各个国家的皇室向民间借债都出现了一个问题，就是没信用。债务到期后可能赖账，甚至把借款人抓进监狱。所以其他国家的老百姓都觉得皇室没信用，不借钱给他们。这样，即使皇室把利息提得很高，也借不到钱。

但英国不存在这个问题，因为英国国王的权力已经被议会限制住了。议会成员都是新的资产阶级或新贵族，国王的不合理借款议会不会通过。另外，议会为政府贷款做担保，借的钱都能按时还款。因为英国海上贸易发达，还能承诺高回报，所以当时全世界的钱都流向英国。现在也一样，信用高了，借钱成本就低了，所以英国借钱非常容易。

这方面的反面典型是当时的法国。法国统一比较早，一直是中央集权，平民必须给教皇和国王纳税，收入少、税负重，阶级矛盾严重。另外，资产阶级在法国发展得也不好，1789年法国陆续出现起义；1793年1月21日，国民公会经过审判，以叛国罪处死国王路易十六。为什么连国王都杀了？因为要废除君主专制制度，取消教会和贵族的特权。所以，我们看到英国王权很早得到限制，资本发展很快，法国中央集权，财富聚集在皇室，平民生活很苦，民怨很大，资本家对统治者也不满，底层想发展必须推翻上层，上层知道被推翻可能被杀头，一直镇压底层，所以改革过程特别激烈。

与法国相比，英国还有一个优势，就是有大量的殖民地。美洲、印度的殖民地可以提供大量原料和劳动力，这些原料通过资本买的机器生产成为成品，再卖回殖民地市场，或者再卖给东亚市场。清朝和民国时期，人们之所以能买到各种洋货，就是因为当时的中国也在这个全球贸易系统里。所以，英国的钱是流动的，是活的。

除了制度优势，英国还公布了《航海法案》，其内容有以下三个重点：

第一，凡是从欧洲运到英国的货物，必须由英国船只或原商品生产国的船只运送；

第二，凡是从亚洲、非洲、美洲运送到英国、爱尔兰以及英国各殖民地的货物，必须由英国船只或英国有关殖民地的船

只运送;

第三,英国各港口的渔业进出口以及英国国境沿海的商业,应完全由英国船只运送。

英国想垄断海上运输权,于是在1651年提出了《航海法案》,但有些国家不愿意遵守,所以英国就发动了几次战争,最终《航海法案》在1674年开始执行。用一句话概括这个法案就是:有关英国进出口的货物必须租用英国的船。这是当时英国崛起的本质,因为倒卖货物赚的是小钱,提供服务才能赚大钱。

现在也是同样的道理。比如亚马逊,大部分人认为它是一个电商购物平台,但它实际上还是一个商家服务平台。除了亚马逊自营商品外,所有其他大大小小的卖家也可以入驻亚马逊,直接售卖自己的东西。到2016年,亚马逊上已经有超过200万个第三方商家,每年贡献的销售额占到总销售额的40%。亚马逊还提供了云服务AWS(Amazon Web Services),它的主要功能是给大大小小的企业提供企业级的云服务,就像国内的阿里云一样。现在云服务一年可以给亚马逊贡献120亿美元的收入。通用电气、西门子、流媒体服务商网飞等公司的很大一部分系统也直接建立在AWS上。可以说，亚马逊是目前世界上最好的云服务供应商之一。

也就是说，亚马逊形成了飞轮效应。飞轮效应是指，一个公司的各个业务模块之间会有机地相互推动，就像咬合的齿轮一样互相带动，一开始从静止到转动需要花比较大的力气，一旦转动起来，齿轮就会越转越快。

亚马逊先提供每年99美元的购物免运费的会员服务，会员的购买频次和购买金额就会提高，再允许第三方商家来卖产品，就使得客户可选择的商品大大增加。当客户的选择增多，会员服务就更加超值，所以买会员服务的客户也会增加。当亚马逊的客户越来越多后，也就有更多的第三方商家愿意来亚马逊开店。当亚马逊的客户足够多，销量越来越大的时候，亚马逊对上游供货商的议价能力也会大大提高。这时亚马逊就可以拿到更低的商品进货价格，并且把利润让给消费者。接着，更多的消费者也会被便宜的东西吸引到亚马逊，成为客户。第三方商家还能把自己的货物寄存在亚马逊的物流中心。一旦有客户下单，整个的取货和配送过程全部由亚马逊搞定，这样商家就可以集中精力做好自己擅长的事情,只需要交一笔服务费就可以了。最后,任何商家和第三方企业,都可以把自己的整套系统放在 AWS 上,不仅能在亚马逊上卖货,还能用亚马逊的物流服务,又能在 AWS 上运行自己的 IT 系统。如此深度绑定,再想要离开亚马逊,就是难上加难了。

所以,我们看到英国当时的逻辑和亚马逊的逻辑是一样的。因为卖产品本质上是赚差价,随着信息的公开、交通的便利,差价会慢慢变小。就像我们现在买什么都可以比价,所以电商商家很内卷。但是,像水电煤、物流、数据系统、广告营销、电子支付等服务的需求是一直存在的,只要你的公司存在,就要一直使用这些服务,所以服务才是赚钱的主要途径。

比如苹果公司,它先赚硬件的钱,也就是我们买手机的钱;再赚软件的钱,如各种音乐、游戏、开发平台等,这些才是苹果的主要利润来源。所以未来要赚钱,一定是在服务上赚钱。

第四节　工业革命为什么发生在英国

大航海之后，英国人不仅超越了前面的几个资本主义国家，同时也超越了中国。我们先来看一看，工业革命为什么会发生在英国。

想一想，第一次工业革命的标志是什么？可能很多人都能回答出来：蒸汽机作为动力机被广泛使用。为什么是被广泛使用而不是被发明呢？因为一项技术只有被运用到产业以后，才能对世界产生影响。1679年，法国的物理学家丹尼斯打造了第一台蒸汽机。1782年，瓦特制成的复动式蒸汽机在棉纺织业中得到应用，所以瓦特不是发明了蒸汽机，而是改造了蒸汽机。

工业革命发生在英国的原因之一是英国完善的专利保护制度。1623年，英国颁布了一部《垄断法》，这部法律在此后的100年中不断发展、完善，为第一次工业革命贡献出力量。之后蒸汽机的生产效率有了爆炸性提升，驱动了一轮工业革命，一些关键性发明如蒸汽火车、轮船和珍妮纺织机开始被广泛使用。

　　第二是因为英国有大量的煤矿资源。1785年,卡特赖特发明水力织布机,水力驱动使得工厂必须建造在河边,而且受河流水量的季节差影响,导致生产不稳定。瓦特改良的蒸汽机开始采用机械动力,燃料来源至关重要。此前,英国一直以木材为燃料,在圈地运动中,大量的森林植被资源被破坏,甚至开始出现木材短缺的现象。但英国还有大量煤矿,且多是浅层煤矿,非常方便开采,英国本土丰富的煤矿资源大大降低了机器的燃料成本,人类从此进入了机器和蒸汽时代。而同时期的法国煤炭资源短缺,整个法国的煤炭产量还不到英国的八分之一,而且法国的煤炭质量不高,难以炼成焦煤,不利于冶金业的高效使用,因而只能向英国、比利时等产煤大国进口高价煤,这进一步制约了法国的发展,使其在同英国的竞争中落于下风。

　　第三个原因则是因为大量劳动力从土地中被释放出来。15世纪开始,英国社会发生了一场被称为"羊吃人"的圈地运动。此运动是由英国乡村的一批有产者发动的,圈地者是具有政治和社会特权的贵族,通过软硬兼施的手法,将村民手中的土地集中到自己的手里,为当时的"风口产业"——纺织业提供原材料。因为资产阶级买下大片的田地养羊,迫使农民进入城市成为自由劳动力,满足了发展资本主义对劳动力的需求。

第四章

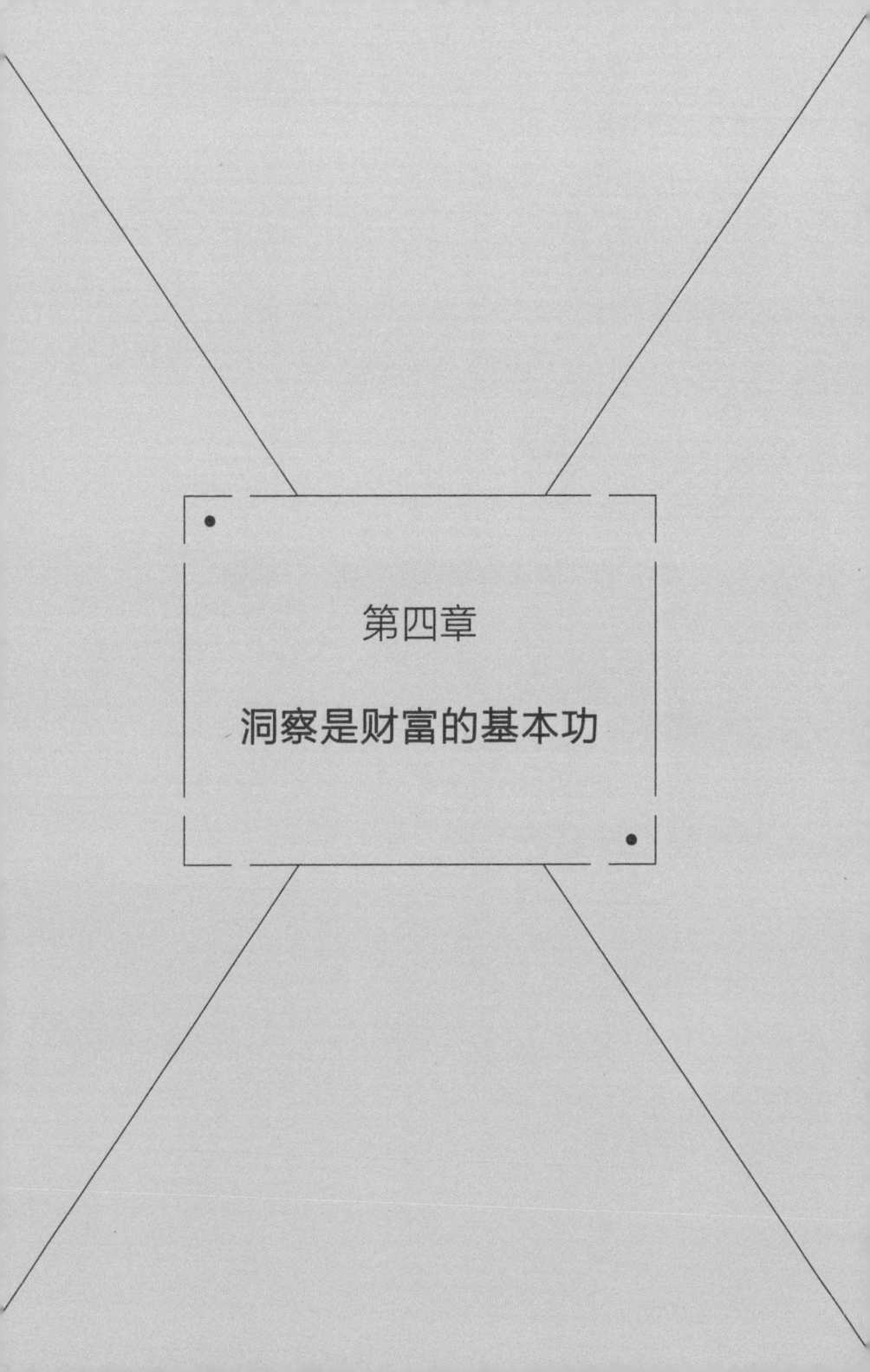

洞察是财富的基本功

第一节　解读哈布斯堡王朝——联姻

哈布斯堡是一个将"联姻"运用到极致的家族，是欧洲历史上最强大、统治领域最广的王室，曾统治神圣罗马帝国、西班牙帝国、奥地利大公国、奥地利帝国、奥匈帝国、墨西哥第二帝国等，因此也有学者将其总结为"以 24 场联姻征服 18 个国家，靠血脉相承称霸欧洲 600 年的传奇家族"。

我们来看看这个家族是怎么做到的。当时神圣罗马帝国执行的是选帝侯制度，继任国王由有投票权的主教、公侯和现任国王等七个代表选出，被选为国王的候选人范围特别广，因为神圣罗马帝国是一个比较松散的政权，境内的公国、侯国特别多，都有权被选为国王。

哈布斯堡家族领地很小,但当时各方相互制衡,因此想选择一个没有势力的人做国王。1273年,哈布斯堡公爵鲁道夫一世当选为德意志国王,大家是不是觉得特别不可思议?在中国,想当皇帝需要经过漫长的过程,需要把上一个王朝推翻,但是当时在神圣罗马帝国就完全不一样,他们靠的是选举和婚姻。

"开启命运的婚姻"发生在1422年,哈布斯堡家族的一位成员娶了神圣罗马帝国皇帝的女儿伊丽莎白,皇帝去世后,女儿和女婿继承了王位,同时成为德意志国王、匈牙利国王及波希米亚国王。哈布斯堡家族从此开悟了,他们开始用联姻的方式"打天下",并且此后一直把持神圣罗马帝国的皇位。

哈布斯堡家族靠联姻统治和占据了德国、荷兰、比利时、匈牙利、西班牙、波希米亚等国,成了欧洲最大的地主。哈布斯堡王朝的座右铭就是:"让其他人发动战争,而你们,快乐的奥地利人,就去结婚吧!"以此赞美家族联姻的趋势。

现在我们重新看婚姻,它对我们来说其实很重要。有人开玩笑说,人生要改变命运有两次机会,第一次是投胎,这是个技术活；第二次就是结婚。虽然是句玩笑话，但确实也说明婚姻对人生发展的重要性。

很多家族企业，到现在还有相互联姻的习惯。联姻说到底其实是一种"结盟"。

豪门联姻在古代就有，魏晋时期"士庶不婚"几乎成了当时的潜规则，门第婚姻成了魏晋主流的婚姻形式。每个家族并非孤立的，而是通过包括联姻在内的各种手段形成了"你中有我，我中有你"这样一种盘根错节的复杂的关系网络，其势力甚至可以威胁皇权。

不只是个人之间、家庭之间，国家和国家之间也有结盟。联姻的本质就是结盟，找到盟友，比如你与一个人结婚，其实是和对方家庭积累的人脉、产业、信息等无形链接，这个道理是古今通用的。

第二节　解读美第奇家族——影响力

美第奇家族被称为"文艺复兴的教父",一部文艺复兴史几乎就是一部美第奇家族史。14 到 17 世纪的大部分时间里,美第奇家族是佛罗伦萨的实际统治者。当年的美第奇银行是欧洲最繁荣、最受尊敬的银行。那么,美第奇家族是如何成为欧洲最为传奇和最具影响力的家族的呢?

美第奇家族是靠放高利贷起家的。但真正成就美第奇家族的是他们对艺术的赞助。美第奇家族捐建教堂、投资艺术家创作、捐建城市公共设施,同时资助大量作家和学者的创作研究。在佛罗伦萨有句话:"如果没有科西莫·迪·乔凡尼·德·美第奇,就没有今天的佛罗伦萨。"他们委托米开朗琪罗建造美第奇宫;他们赞助布鲁内莱斯基完成了佛罗伦萨花之圣母大教堂的穹隆顶;他们在圣马可修道院建造了世界上第一座"公共图书馆",这座图书馆是文艺复兴时期佛罗伦萨人文主义运动的中心。

美第奇家族对文艺复兴时期的知识分子的生活产生了不可估量的影响。"文艺复兴三杰"中的米开朗琪罗在13岁时获得了洛伦佐·美第奇的赏识，从而进入美第奇宫与这个家族的孩子们一起生活。在这里，少年米开朗琪罗获得了大量的学习和创作机会，接触到精美的宫廷艺术品，也有机会研读但丁的诗篇，了解柏拉图的思想。饱受人文主义熏陶的少年米开朗琪罗，在这里获得了他日后成为一代大师的所有必要条件。

通过对文化艺术的资助，美第奇家族的影响力大大提升，美第奇家族在公民中的威望及其在共和国财政中的重要地位，使美第奇家族轻易扮演了国家政治幕后操纵者的角色，从而成为15世纪中期佛罗伦萨的"无冕之王"。美第奇家族活跃在中世纪欧洲政治舞台上长达300年，统治佛罗伦萨的时间超过百年，家族历史上出过三任教皇、两任法国皇后，其影响力超过美国的肯尼迪家族、俄罗斯的托尔斯泰家族。

很多人觉得美第奇家族是通过金融控制政治的，但是我们还可以往更深一层去看，那就是美第奇家族扩大影响力的途径。他们通过投资打造出了"文艺复兴"这个超级IP，此后家族影响力一步一步扩大。大家可能觉得这件事情不可能复制,其实我们经常能看到这种现象。比如说世界杯,有的举办国在办世界杯之前,影响力不大,但通过办世界杯,一下子吸引了全世界的目光。大家通过各种直播看到了这个国家的风景、基础设施,可以想象得出,这个国家在未来一定是热门旅游国家,它的政治影响力也会提升。

房地产辉煌时期,我们可以看到:房地产商投资足球队,广州恒大、广州富力、杭州绿城、河南建业、天津泰达、上海申花等9支球队背后的投资者均为房地产企业。大家都知道好多球队不赚钱,投资足球队是亏损的,那他们为什么还要投资呢?原因有两个,第一,足球队经常进行城市间比赛,是一个城市的"体育名片",如果这张名片做得好,相当于帮地方政府做了宣传,这对房企在当地城市发展也有好处。所以,虽然表面来看投资球队是亏损的,但算总账后其实不亏。第二,球迷和买房子的人群高度重合。投资足球能够拉近房企跟目标客户、球迷之间的距离,可以提高企业的社会形象,进一步提升房企的影响力。

所以，文艺复兴时期美第奇家族靠文化打造影响力，卡塔尔靠世界杯提高自己在国际上的影响力，房地产商靠球队帮助城市提升影响力，在本质上都是一样的。那么，美第奇家族的发展对我们经营企业有什么启发呢？当然有，那就是理性看待金钱。

其实很多人对钱的认知都是有偏差的。第一种偏差就是单纯地认为劳动性收益是光荣的，而资本性收益是可耻的。这就是对金钱认知的错误。其实，一个人有这两种收益才是一个健康的收益结构。俗话说，前半生靠劳动，后半生靠资本。尤其是现在经济发展速度很快，仅靠劳动赚钱已经不够了。当你拥有了这两种收益思维后，你就会发现，很多人出生后衣食无忧，家里还有股票、分红、房产、古董等收入，这是很正常的。

第二种偏差是认为劳动有高低贵贱之分。有些人觉得当服务员、当保姆、做销售就低人一等，这也是一种固化思维。在有些国家服务员是一个很受尊重的职业，而且，未来服务业一定是一个赚大钱的行业。现在大家生活条件好了，都愿意为家人花钱，只要你能提供相应的价值，就会被人需要。

我有一个朋友，他儿子没有去外面上各种课外兴趣班，而是请最好的家教老师到家里来教学，仅仅一年，他儿子的学习费用就超过 100 万元。由此可见，那些家教老师的报酬之丰厚。所以，只要你能提供相应的价值，比如专业价值、健康管理价值、情绪价值等，那你也能赚钱。我们熟知的海底捞就是把餐饮业做成了服务业，提供了很多情绪价值，所以即使价格贵，大家也愿意去。

工业化时代过后，我们会进入服务业时代，这一点跟马斯洛的需求层次理论是相符合的，即人们的物质追求得到满足之后就会有精神追求，这是一个规律。所以，以后谁能做好服务，谁就能赚到钱。

第三节 解读罗斯柴尔德家族——信息

说罗斯柴尔德家族富可敌国并不夸张。那么罗斯柴尔德家族是如何成为全世界最富有的家族之一呢？罗斯柴尔德家族的赚钱密码究竟是什么？

罗斯柴尔德家族的创始人是梅耶·阿姆斯洛·鲍尔（后改姓罗斯柴尔德），他1744年出生于德国法兰克福的一个贫困的犹太人之家，13岁便到银行当学徒。后来，梅耶发现货币极具收藏价值，欧洲各国的王公贵族们普遍爱好收藏古钱币。于是，他创立了一家公司，专门从事货币兑换、古董和古代钱币买卖，开始了财富的原始积累。

1765年，梅耶结识了喜欢收集古币的德国皇室成员威廉伯爵，为了投其所好，他将自己收藏的珍贵古币以低廉的价格卖给威廉，赢得了威廉的好感，并依靠此后的类似买卖和联姻得到了"宫廷犹太人"的头衔。宫廷犹太人在欧洲封建政权体系中可以作为资助者、供应商或提供其他金融服务，成为统治者在经济领域的重要助手。

德国黑森国国王死后，威廉伯爵继承了巨额遗产，梅耶也顺理成章地成了他的御用金钱管理师。此后他经手的威廉九世放贷业务大约有70万英镑，其中45万英镑是贷给丹麦政府的。

经由这些生意，他还成了威廉的远房亲戚黑森－达姆施塔特伯爵、比丁根伯爵、帝国邮政局局长和奥地利皇帝乃至医院骑士团的合作伙伴。

成就罗斯柴尔德家族的还有梅耶的5个儿子。梅耶一共有5个儿子，他将自己的银行分成了5家，分给这5个儿子，后来这5个儿子都很成功，成长为金融界精英。梅耶派儿子居住在欧洲各个国家的首府城市，老大在法兰克福，老二在维也纳，老三在伦敦，老四在那不勒斯，老五在巴黎。这五个相互联系的分支机构实际上组成了世界上第一个超越国界的银行——罗斯柴尔德银行。这个庞大的组织在战争中为罗斯柴尔德家族带来了巨大的财富。

战争期间，奥地利军队与罗斯柴尔德签约，罗斯柴尔德银行为奥地利军队提供一系列物品，包括小麦、制服、马匹和装备；罗斯柴尔德家族还协助黑森州的雇佣军进行货币交易。当时，梅耶走了拿破仑妹夫的后门，他的两个儿子在英法之间走私货物，迅速完成了原始资本积累。

三儿子内森在英国创立的银行负责战争和危机时期向政府

提供信贷。例如，在拿破仑战争期间，它管理并资助英国政府发给其不同盟友各种补贴，并借出资金给英军，凭一己之力就为英国完成了战争经费的筹措。仅 1815 年，所提供的战争补贴贷款就高达 980 万英镑，折算到现在约为 5.6 亿英镑。

梅耶的几个儿子为不同国家提供金融服务，每日军情在家族机构中不断流转，因此罗斯柴尔德家族早已看出拿破仑是强弩之末，果断下注英国，除了帮忙输送物资外，还做空英国公债，最终英国在滑铁卢战役中大胜后，罗斯柴尔德家族狂赚了 2.3 亿英镑。

大家发现罗斯柴尔德家族成功的核心是什么了吗？是信息！但不是我们所理解的信息，不是像内幕交易、国家机密这样的信息。罗斯柴尔德家族是犹太人，我们可以看到这个家族身上有很多犹太人的特质。信息收集是犹太人的本能之一，因为犹太人长期流落于其他国家，依附于王室成员，一旦王位换人，很多宫廷犹太人就会被杀。而且，犹太人的主要经济来源是经商，商人需要不断注意周围有什么需求，有需求就有赚钱的机会。所以犹太人对信息的重视是刻在基因里的，这是他们谋生最重要的工具。

快速跟王室搭上关系就能换来信息吗？并不是。罗斯柴尔德家族是用几代人的努力才积累起来了信息网。他们有一个培训自己掌握重要信息的过程,比如他们发现王室喜欢收集古币,就去做古币生意；发现国王有管理财务的需求,就去帮助国王实现这个需求；发现战争需要筹款,就去放贷……这一系列的事务让他们在各个国家和王室中产生一定的影响力。依靠这些影响力,他们可以参与到更多的战争事务中去,了解清楚各个国家真实的财务状态、军事实力等。最后,他们还能近距离观战,以此拿到第一手信息,这些都不是一般人能做到的,这是罗斯柴尔德家族两代人几十年经营的结果,这就是犹太人的厉害之处。

那现在还有没有利用信息赚钱的例子呢？有很多,我们常说的"倒爷"就是。

善于分析信息、把握信息对赚钱来说是非常重要的。一系列现象都是相互联系的,发生战争什么会涨价？与食品、能源、军事相关的物资大都会涨。《史记》里就记载,商人要学会看信息。来年是个什么年，丰年、灾年还是战争年？不同的情势，需要储备的东西不一样，所以，会看信息的人总能赚到大钱。

第四节　解读洛克菲勒家族——风险

　　福布斯网站曾评选"美国史上15大富豪"排行榜，约翰·洛克菲勒名列榜首，他在相当一段时期里控制着全美国的石油资源，并创设了托拉斯企业制度，洛克菲勒也是19世纪第一个亿万富翁。那么洛克菲勒是如何创建自己的财富帝国的？洛克菲勒的赚钱秘诀是什么？

　　1839年，约翰·戴维森·洛克菲勒在美国纽约州出生。他的父亲是当地的流动商贩，16岁时，洛克菲勒在一家外贸公司谋得了一份差事。他判断英国将在短期内发生大规模饥荒，于是年轻的洛克菲勒迅速购进大量小麦和火腿，赚了个盆满钵满。19岁时，洛克菲勒与好友克拉克开办了克拉克－洛克菲勒公司，从事农产品代购生意。1861年南北战争爆发后,肉类等战略生活物资的需求大幅度增加,生活物资品价格扶摇直上,在4年时间里洛克菲勒赚了10万美元。

1859年,宾夕法尼亚州开挖出世界第一口油井,无数人疯狂拥入,数以千计的油井被胡乱开挖出来,洛克菲勒判断"原油价格必将大跌,真正能赚到钱的是炼油,而非钻油"。历史证明了他的想法。数年内,美国原油价格从原先的一加仑2美元跌到了0.22美元,最终跌到0.13美元。而炼油速度远不及钻油速度,许多钻油商必须贱价抛售原油以避免破产。

1863年,24岁的洛克菲勒转向石油提炼投资,洛克菲勒明白油价下跌除了大量开采导致供大于求以外,低品质的原油制品也是原因之一。所以,洛克菲勒进军炼油领域重点就是提升炼油的品质。不久后,市面上的所有用油企业都把洛克菲勒家的原油制品当成了金字招牌,洛克菲勒在炼油领域树立了口碑和品牌。两年时间,通过炼油业务,洛克菲勒又进账120万美元,洛克菲勒的公司已经是全美第一大炼油公司。但他的野心并不止于此,他的最终目的是要控制整个美国的炼油产业。

当时为了抢夺石油物流市场，包括湖滨铁路、宾州铁路等在内的多家铁路公司都向炼油企业推出优惠价格，洛克菲勒最终与运输公司联盟达成了秘密协定，规定所有参与洛克菲勒商业联盟的铁路企业，必须按市场最低价来提供运输服务。这些协议一经签订，洛克菲勒公司依靠物流优势，直接成为美国炼油行业的龙头。

此后洛克菲勒大量收购采油企业，实现了从上游的石油开发到中游的石油物流，再到下游的石油精炼与销售的全产业链垄断。1870年，洛克菲勒的标准石油公司正式挂牌成立，之所以叫标准，是因为洛克菲勒视自己为整个石油行业的标准和标杆。在巅峰时期，标准石油垄断了美国95%的炼油能力，90%的石油运输和将近一半的石油开采。

有本书叫《洛克菲勒写给儿子的38封信》，这里面写了很多关于财富的认知，给我感触最深的就是他对风险的看法。洛克菲勒告诉孩子："一个人想要成功，一定要敢于冒险，因为好的机会都藏在风险背后。"我们看洛克菲勒的事业线，19岁开自己的公司，开公司和打工哪个风险大，肯定是开公司。赚钱后进入石油行业，洛克菲勒根本不懂石油行业，但他认为美国属于工业崛起阶段，今后一定会需要大量的石油，即使负债借银行的钱，也要进入这个领域。

当然，在进入石油行业的过程中一定会遇到很多阻力，有大量的人在这个领域淘金，行业特别混乱。他之所以要大量并购炼油厂，是因为炼油厂之间相互竞争，会导致油价没有利润空间。所以，他必须通过资本托拉斯的方式把这些炼油厂都收购了，这样才能有定价权。不管是产品定价权还是运输定价权，他都是这样得到的，否则很多人参与进来恶性竞争，规模越大赔得越惨。这是一个重资本的过程，一旦失败了就会赔得很惨。这里面有风险吗？有很大的风险。但是他同时也看到了机会，而且他对风险是有把控能力的，他不是赌徒，对于采油行业、炼油行业、运输行业以及消费者端，他都做了详细的调研，这才敢下手。就像走钢丝一样，大部分人走钢丝都会粉身碎骨，但一小部分专业人士则非常安全。

洛克菲勒这样教育他的儿子："风险是好东西，把99%的人都挡到外边了，我们应该喜欢风险，而且要能控制风险，这样的生意就能成功。"很多人之所以一辈子没挣到钱,就是因为怕风险,但是风险实际是个好东西。

现在很多行业既有高风险,又有高利润,比如房地产,多少房企都因为没控制好风险倒闭了,或者出现危机,比如恒大;而有些企业能把风险控制好,比如万科。我们都知道,万科早年涉足过许多领域,比如怡宝矿泉水、万佳超市等,后来把这些都卖了,专注做房地产。当然,万科也不是什么房地产都做,他们不做大的冒险,所以,万科到现在都比较稳,这就是因为他们擅长控制风险。

第五节 解读卡内基——人才

在美国,与"汽车大王"福特、"石油大王"洛克菲勒等大财阀的名字列在一起的,还有一个"钢铁大王"——安德鲁·卡内基。他曾预先写下这样的墓志铭:"长眠于这里的人,身边总是聚集着一群比他更优秀的人物。"这句话也透露出了卡内基非常擅长的事情——识人和用人。

1835年,安德鲁·卡内基出生于苏格兰古都丹弗姆林,受英国大饥荒和经济危机的影响,不得不举家移民到美国匹兹堡。14岁那年,卡内基为自己争取到了一份信差的工作,在工作之余积极阅读并学习各种商业知识和商业技能。

卡内基曾一度在斯科特身边工作,斯科特是其导师和上级,并很快成为宾法铁路公司的高管。斯科特设想建设一条跨过密西西比河的桥,桥长至少要有1.6公里。当时还没有人建过这么长的铁路桥,卡内基勇敢地接受了这个风险和挑战。超长跨河大桥的建设让卡内基不得不寻找新材料。此时,钢材进入他的视野,但问题是钢材的造价昂贵,过去只用于制作小物品,还没人用于建设大型建筑。卡内基看到了这种建材的巨大潜力,但他需要找到低成本生产大量钢材的方法。

为此,他花了大量时间出去考察,去钢厂,去见化学家,搞明白钢铁是如何炼成的。卡内基在英国考察时,发现了一种低成本炼钢的技术,并买下了技术专利。造桥的成功让卡内基进一步看到钢铁的潜力,他拿到了铁路大笔的钢铁改造订单,并成功募资建立了自己的钢厂。

卡内基最为出名的一件事便是花 100 万美元聘请了一个不懂钢铁行业的人做总裁。1912 年,卡内基已经有了好几家钢铁厂,但是他发现其中一家经营状况非常不好,经过了解后,他的解决方式是以 100 万美元的年薪聘请查理·斯瓦伯为公司的总裁。当时全美也没有一个百万年薪的职业经理人,卡内基的考虑则很简单,虽然查理·斯瓦伯对钢铁行业不熟悉,但是他非常善于激励员工,提升效率。果然,他上任后钢铁厂的情况逐渐好转。不久之后,其产量跃居公司所有钢铁厂之首。

卡内基的用人理念是:只要有能力,他就会予以重用。比如,16 岁的齐瓦勃在受雇 6 个月之后,就被任命为副厂长。后来,又被卡内基任命为布拉德钢铁厂的厂长。再后来,董事长辞职,卡内基又提升他为公司的董事长。

卡内基总是把目光放在人才的长处上,并为人才提供平台,让他们最大限度地发挥自己的长处。正是因为他的赏识和重用,那些优秀的下属才能放开手脚,加倍努力来实现自己的价值。

到了19世纪末20世纪初,卡内基钢铁公司已成为世界上最大的钢铁企业。它拥有2万多名员工以及世界上最先进的设备,钢铁年产量超过了英国全国的钢铁产量,年收益额达到4000万美元。

卡内基是公司的最大股东,但他并不担任董事长、总经理之类的职务。他的成功在很大程度上取决于他任用了一批懂技术、懂管理的人才。时至今日,人们还常常引用他的一句名言:"如果把我的厂房设备、材料全部烧毁,但只要保住我的全班人马,几年以后,我仍将是一个钢铁大王。"

其实,当老板就应该会两招,第一会识人,第二会用人。因为即使你自己再厉害,也做不完所有的事,如果你只是自己干,很难把一件事做到世界第一。天外有天,人外有人。你要找最优秀的人才去干,让他们帮你做到世界第一,这就是人才杠杆。

当下是个人IP时代,我们每个人的时间都是有限的,一天就24小时,就算不吃不喝地工作,效率也是很低的。所以,要学会用人才杠杆。我认识一位手工制古琴的大师,他做一把琴要好几年时间,而且身体不好,有些工序不能自己做,于是他就当一个监制,让弟子制作,制作完成后由他进行评级,级别不同,价格不同,这样工作效率一下提高了几十倍。

大多数人如果没创过业,就没有人才杠杆意识。其实人才杠杆是我们创造财富必须学会的。

第六节 解读沈万三——链接

大部分人知道沈万三,可能跟民间故事有关,说他有一个聚宝盆。其实沈万三是较早从事世界贸易的人。

明史专家吴晗在《元代的民间海外贸易》中曾明确指出:"沈万三之所以发财,是由于海外贸易。"沈万三经商的黄金时代是在元朝。

元朝统治者对海外贸易实行比唐宋两朝更为宽松的政策。沈万三依靠宽松的海外贸易政策,带领船队往返于东南亚各地,把江西的瓷器、浙江的茶叶、西北的药材等运到海外。同时,他买回了大量的珍珠、玛瑙、象牙、红木,卖掉之后赚取了巨额差价,暴富起来。

最高峰时,沈万三在新加坡和马六甲都建立了辐射世界的庞大商品基地。元朝末期,张士诚攻占苏州之后,对于海外贸易的重要性有着一定的认识,所以在他建立的政权中,格外鼓励东南沿海的海外贸易。正是由于张士诚比较支持商人经商,所以以沈万三为代表的商人集团,在元末群雄逐鹿中对张士诚政权是比较支持的,在朱元璋和张士诚对峙时,他们大部分都站在张士诚这边。

到了明朝,沈万三被赶出南京,从南京去了云贵地区。当时的沈万三虽是一介平民,但他的商业贸易网络还在,市场信息、渠道和特殊的人脉还在。在贵州这段时间中,他又利用滇黔茶马古道做贸易。

沈万三发现云贵地区常年云雾缭绕,雨水充沛,做了一辈子生意的他,敏锐地发觉这是个非常适合种植茶叶的地方。于是他联络了当地的几家大户,成立了"云雾茶园",由当地大户出土地和劳力,沈万三则负责茶叶管理、加工技术以及销售。

这个茶园生产的茶叶经过加工后,品质直逼龙井等名茶,数年后便被列为专门进贡朝廷的"贡茶"。

沈万三还找到当地的土司,动员各家各户采榨茶油,由他负责包销。在他的运作下,"平越茶油"深受江南人民喜爱。他还教当地人种植漆树、割制生漆,并在京滇古驿道鱼梁江建立"桐油加工厂",生产桐油远销沿海地区。除此之外,他还在黔西、乌蒙山区开铅矿、铜矿、铁矿,炼朱砂。

我们可以看到,沈万三之所以能赚大钱,靠的就是相互链接。做海上贸易时,他把中国的茶叶、瓷器、丝绸等链接给国外有需要的人;在贵州的时候,他把当地盛产的东西链接给外面需要的人。

可以这样理解,沈万三是专门铺路的——海上的路和陆上的路,就跟今天马云建互联网基础设施一样,建完之后大家在上面跑车,他收取过路费。沈万三做国际站、国内站,大家找他做买卖,就是看到了国际物流大通道这么一个趋势,所以挣了很多钱。

现在也有这样善于链接的人,比如史蒂芬·施瓦茨曼,他给自己起了一个中文名字——苏世民,他是美国规模最大的上市投资管理公司黑石集团的创始人。

苏世民在年轻的时候就说过:"我想成为一个像电话交换机一样的人,从无数的电话线路中收集信息,对信息进行分类,然后将它们传递给世界。"

做世界沟通的桥梁和管理者正是如今黑石集团在做的事情。如今,黑石集团通过房地产、私募股权、对冲基金、信贷等四大业务部门,将全世界的资产聚集再分配。

2007年5月,筹备中的中国国家外汇投资公司斥资30亿美元,购入黑石集团约10%的股份。苏世民在国内出版的自传,得到了众多中外商界大佬的联袂推荐。

苏世民也是美国前总统特朗普的座上宾。据《纽约时报》报道,特朗普在商界最常求助的人是苏世民,人们能够从美国和其他国家的贸易谈判中,看到他的身影。

在商业世界,全球是一个巨大的交易网络。在这个交易网络中,那些最密集的区域就是发生链接最多的地方,也是最发达、最富裕的地区。上海比鹤岗要发达,因为在上海发生的交易链接要比鹤岗多得多，信息流、资金流、物流都汇集在这儿，自然就繁荣和富庶。

所以，我们要做一个善于跟外部世界、跟他人高效链接的人。这样，才会让信息流汇集到你这里来，从而带来资金流，带来财富的增长。

我们看到，所有赚钱的项目都是供方和需方的链接。而会链接的人还有一个优势，就是能看到需求，并且能用别人的资源满足这个需求，这也是一种能力。

第七节 解读胡雪岩——眼光

我很多年前就看过《胡雪岩传》，现在胡雪岩的经历被写成小说，拍成电视剧，被很多人所熟知，"经商就学胡雪岩"甚至变成了一种潮流。那我们该向胡雪岩学习哪方面呢？胡雪岩曾说过一句话："有一县的眼光，做一县的生意；有一省的眼光，做一省的生意；有天下的眼光，做天下的生意。"在我看来，胡雪岩是一位眼光独到的投资人。

胡雪岩投的第一个"潜力股"是王有龄。据说，当时王有龄捐的候补浙江盐大使一差，徒有虚衔而无实权，又无盘缠上京报到。胡雪岩得知王有龄的情况，私自从钱庄挪用500两银子助其进京补官，之后东窗事发，被扫地出门，另投门庭。而王有龄自此仕途亨通，从知县、知府、布政使，一路升为浙江巡抚。

入仕后，王有龄处处提携胡雪岩，助他成立阜康钱庄。王有龄在担任湖州知府期间，又将公库交由阜康钱庄代理，税收、赈灾等各项公款往来一律免息。依照律例，只要不延误解送期限，公款可由钱庄自行支配。胡雪岩于是利用公库现银作为本钱，开设丝行、药庄、当铺，兼营放贷，逐步拓展商业版图。

胡雪岩投资的第二个潜力股是左宗棠。左宗棠继任浙江巡抚时，正值太平天国起义。此时前线军饷短缺，胡雪岩将粮饷枪械无偿捐予左宗棠，排除官兵哗变之患，又助其组建常捷军，筹备军需物资，重整旗鼓，攻克杭州。由于连年战乱，杭州城内早已满目疮痍，饿殍遍地，胡雪岩被委任为总管，负责处理抚恤、赈灾等善后事宜，深得左宗棠器重。

1866年，左宗棠创办福州船政局，胡雪岩被委任为船政委员，积极推行洋务。其后左宗棠两次西征，其间胡雪岩任上海采办转运局委员，利用与洋商的密切关系，置办新式军械，斡旋于官、商、帮之间，拨饷运粮，确保周转灵通，后勤无虞。

我们看到胡雪岩有一种能发现金子的能力，那现在这种能力还有用吗？肯定是有的。比如2009年"胡润百富榜"上第一位女首富：张茵，她又被称为"收破烂"的女首富。

张茵因工作需要多次前往香港出差时，了解到我国未来纸业市场需求紧缺，同时她也了解到造纸原材料的匮乏。当时，我国造纸业都是用速生林进行取材，即使是这样，市场需求的增长也远远大于速生林的生长。久而久之，我国的一些高档纸只能通过进口原料来弥补内地造纸原料不足的问题。经过对香港废纸收购情况的一番考察，张茵选择了离职，与合伙人一起筹备了3万元创业启动资金，开始了她的创业之路。

年仅27岁的张茵凭一己之力打入香港废纸收购行业。解决原料问题后，张茵将目光投向了造纸。大家都知道国内造纸业最大的问题就在原料上，可如今张茵自己就有原料渠道，可以自给自足，她便开始找合作伙伴一同创办起造纸厂。

1988年，属于张茵自己的造纸厂终于在东莞成立。自此，张茵的产业从原料到生产都涵盖了。为了后续造纸厂更好地发展，张茵将废纸回收业务开到美国。美国用纸量较大，往往产生的废纸也相对较多，于是在深思熟虑后，张茵决定在美国创办分点，从美国运输废纸到国内进行加工造纸。

经过一系列的规模扩张与发展，2000年，张茵创办的玖龙纸业的年产量超过百万吨。如今，玖龙纸业产量世界排名第二。2010年张茵以身家380亿元登顶中国女首富；2015年以265亿元上榜《胡润女富豪榜》，名列第五；2016年胡润TOP100排名第四十九。

在商业和赚钱上，眼光好的人随时随地都能赚钱。比如说歌手"广东雨神"用5000元买《广州爱情故事》的版权，改编后发行狂赚一个亿。

现在好多人热衷于买古董，想着有一天突然升值。如果是一般古董，升值空间很小，只有精品才能增值，如皇家御用的，但这类古董价格也高。所以如果你的眼光不行，在投资古董的时候可以用价格做参考标准，往往越贵越有升值空间。

眼光能否锻炼出来呢？是可以的。眼光可以理解为对信息的判断能力、对事物的认知能力。多读书、多与优秀的人交流、多观察日常生活中的点点滴滴，勤于思考，都能提升自己的眼光。

读书要多读财经类和历史类的书籍，因为从中可以发现社会运行、商业运作的规律，能培养你深度思考的习惯。当你看待事物时总是会做更深层次的思考，把它看透，你的眼光也就更独到、更高明了。

第八节　解读伍秉鉴——人性

2001年，美国《华尔街日报》统计了过去1000年中的全世界首富50人，其中有6位中国人，他们分别是：成吉思汗、忽必烈、刘瑾、和珅、伍秉鉴、宋子文。这6人中，只有伍秉鉴是纯粹的商人出身。在整个清朝中期，伍秉鉴是绝无仅有具有世界意识的中国企业家。

在1840年之前，中国其实也并非完全封闭，清朝皇帝虽然关闭了北方和江南所有的外贸港口，但是在岭南的广州，还有个"十三行"在和洋人做贸易。自此，"十三行"垄断中国对外贸易上百年，给大清王朝解决了一半的关税，还养育出了一批富可敌国的巨贾。伍秉鉴是广州十三行的总商。

"十三行"根本上是为了方便管理，如果开放整个海岸，那不仅走私无法禁绝，海盗也会四处为祸，明朝后期就是例子。伍秉鉴在1800年继承家业，成为十三行之一"怡和行"的负责人，伍家世代种茶，在福建有大片茶田，可"怡和行"刚开始做茶叶时，在"十三行"里并不突出。好在"怡和行"的茶叶质量好，在洋人里卖出了口碑，加上伍秉鉴做生意非常讲求公道，"怡和行"渐渐在"十三行"里做大。可以说，伍秉鉴是在垄断性海外贸易中第一批有品牌意识的商人。

当时做海外贸易账期很长，两边压款导致十三行中很多商行倒闭。虽然如此，伍秉鉴的生意始终以品质和诚信为重。当时广州也有其他商行经营茶叶贸易，但只要贴上怡和洋行的标志，立刻就会被外商认定为最好的茶叶，价格水涨船高。那时候，"印度茶"和"锡兰茶"还没发展起来，中国的"福建茶"是欧洲茶市最大的供应地，每年的产值达到几千万英镑。

对待生意伙伴，伍秉鉴也讲究共赢共富。有一次他从洋商那里获得了一笔大单，别人都以为伍秉鉴要独自赚一笔，他却把十三行的老板们都请来吃饭，然后宣布，这笔买卖大家一起赚。由于这样的格局，伍秉鉴的商业帝国迅速扩大，商业口碑也在全世界商界广为流传。

至于伍秉鉴执掌"怡和行"时挣了多少钱，现在还没有个准确数字。根据19世纪末美国人的著作《广州"番鬼"录》记载，伍秉鉴的全部财产，包括房产、货物、田地、现白银、股票加起来约2600万银圆，约等于1800万两白银。当时清朝的岁入也就三四千万两，伍家一户行商就能挣将近2000万两白银，约占清朝岁入的1/3，说他富可敌国也不为过。

当时十三行都在做贸易，有些没多久就关门了，有些只是勉强活着，唯独伍秉鉴成了世界首富。这是为什么呢？因为他懂人性，能让周围的人都有利润。比如拿到海外订单，当时其他出口商是没有品牌的，但是伍秉鉴把自己做成品牌。

很多商人卖给洋人茶叶都以次充好，反观伍秉鉴永远是按茶叶档次明码标价，因为当时跟西方人做生意，他们有契约的概念，所以伍秉鉴很早就按照国际惯例做生意，这样就容易做大。

伍秉鉴把自己做成出口品牌，订单越来越多，订单多了之后自己干不过来，同行们都很羡慕。他把同行叫过来，把大订单分给大家。其他商行老板会想，咱们是竞争对手，你分给我干，你生意不少了吗？

但实际上，相当于伍秉鉴是揽活的，一群人帮他去分销找货源，他就可以最终占有十三行50%以上的销售额，垄断了中国的进出口，那时候就富可敌国了。

我们今天做生意也一样，能做大的是让上下游都赚到钱的，好的企业家能把竞争对手变成合作伙伴。比如东方甄选，他们打破了主播带货行业的一个规则，不收坑位费。在他们之前，一般知名的主播，卖货收商家两种费用，一个是坑位费，这个比较高，相当于出场费；另一个是佣金。

俞敏洪表示东方甄选从来不收坑位费。很多主播收几十万的坑位费，最后卖不出去什么货，商家损失很大，说白了这是损人利己，而东方甄选只拿抽成，主播少拿点，商家、消费者、物流商等都有钱赚。

2003年的时候，"玻璃大王"曹德旺要花3亿元收购双辽的一家玻璃厂。福耀公司的高管们纷纷站出来持反对意见，包括负责东北市场的总经理对曹德旺说："曹总，他们连5000万都不值，你给我时间，我让他们退出中国玻璃界。"曹德旺并没有听取他们的意见，最后花了1亿收购了双辽玻璃。接着就是通辽的市长带着人找到了曹德旺，市长希望曹德旺能把通辽的玻璃厂也一并收购。

在收购双辽玻璃厂时，曹德旺派人进行了详细的市场调查。到了工厂之后，所有跟着一起去的人发现，这个厂区内放眼望去，全是垃圾，车间的玻璃窗坏了一块，自己本身就是做玻璃的都没有人去换一块装上去，满厂房的杂草，简直就是倒闭的状态。一个国企为什么会走到现在这个落魄的样子呢？曹德旺经过分析之后发现，他们做生意缺少一个零售商队伍。

双辽玻璃厂只会生产玻璃,生产出来之后直接给各地的零售商。这些零售商们为了拿到最低价格,总是利用玻璃厂冬天缺资金的时候低价购入玻璃,然后等到春夏再去销售,这样长此以往,玻璃厂就丢掉了市场定价权。

曹德旺接管了双辽玻璃厂,重新整顿销售链路,打破了以往代理商压价生产的传统。他始终认为上下游企业虽然分工不同,但绝对不是各自孤立的存在,要想让福耀公司健康发展,不仅需要自己产品客户端用户的繁荣,更需要产品供应商的发达。所以无论上下游企业,都能找到共赢点而愉快合作,甚至有印尼玻璃原料供应商在市场价格连续上涨乃至翻倍的情况下,仍以原价为福耀供货一年的例子。

我们现在经商也一样,任何一个生意,不管垄断还是充分竞争,都有经营好或者效益差的时候,但在本质上商业要遵循人性,让你的合作伙伴赚到钱,同时给各方留好利润空间。一定不挣最后一个铜板,这样各方才有合理的利润,游戏才能继续下去。

商业就是一场人性的游戏。洞悉人性才能发现客户的需求,把握合作伙伴的诉求，共同把蛋糕做大。当围绕着你形成了一条良性的商业生态链，财富自然会滚滚而来。

第九节　解读张謇——责任

张謇，江苏南通人，1853年出生在一个富裕的商人家庭。1894年，甲午中日战争爆发，慈禧太后挪用海军军费大修颐和园，筹办万寿庆典，清政府因此特开"恩科会试"，张謇高中状元。同时，前线传来北洋水师迭遭败绩的噩耗，后来清政府与日本签订了丧权辱国的《马关条约》。此前，张謇一直沿着传统士大夫的路径在走，但当时的中国已经衰落到无法挽救的地步，士大夫之路实在走不下去了。张謇便另辟蹊径，选择实业救国之路。

1895年，张之洞委任张謇负责通海一带的商务，授意他在通海一带创办纱厂。张謇到处筹措资金，1899年，一座拥有

20400枚纱锭的近代化纱厂在南通唐家闸建成。张謇根据《周易·系辞》所载"天地之大德曰生",给纱厂取名"大生"。大生纱厂投产后,规模不断扩大。为保证原棉供应,张謇先后在黄海海滩办起20多家盐垦公司,到1907年,已围垦近10万亩。

19世纪末20世纪初,张謇以大生纱厂为核心,还创办了油厂、面粉公司、肥皂厂、纸厂、电话公司等20多家企业,形成一个轻重工业并举、工农业兼顾、功能互补的地方工业体系,一度成为全国最大的民族企业集团。

与此同时,张謇也是社会企业的先行者,张謇努力在南通推行"地方自治"。他认为,在实业、教育之外,"弥缝其不及者,惟赖慈善"。他一直在不停地思考对各类社会公共事业的改造。南通同时拥有七个中国第一:第一所师范学校、第一座博物馆、第一所纺织学校、第一所刺绣学校、第一所戏剧学校、第一所盲哑学校、第一所气象站。张謇经营过的南通,有"近代第一城"之称。他给南通留下的是一个拥有50多家企业、2400多万两白银的当时全国最大民族资本集团,一个由400多所各类学校、场馆组成的教育文化体系，一套完整的水利、交通、供电、通信、园林等市政基础设施，以及一系列的公益慈善事业。

胡适先生曾这样评价张謇："他独力开辟了无数新路，做了三十年的开路先锋，养活了几百万人，造福于一方，而影响及于全国。"

我认为张謇身上的这种担当、责任感特别值得我们企业家学习。他生活在中国洋务运动时期，洋务运动有短板，可能当时很多人都看出来了。虽然当时的GDP每年在以20%的速度增长，但体制有短板，所有权和经营权没有分离，民间的活力没有被激发，硬件很好，软实力上不去。要想科技上有振兴，中国经济有发展，还是需要依靠民营企业来干事。而张謇走的公私合营路线，相当于把所有权和经营权分离了，让更多的经济活力被激发了出来。

张謇一开始经商就不是为了挣钱，是为了实业救国。就像有的人说"当宰相能治理国家，当个医生也能治理国家"，道理是一样的。企业家做大之后，最终一定是要为国家振兴去服务的。如果做不到这一点，历史是记不住他的。所以，今天很多民营企业家做大了，一定不是只考虑自己的，一定是要为国家考虑。在每个时代里面，你要想成为大人物，一定是时代选择了你。

现在也有这样的企业，比如说许昌的胖东来超市。"胖东来"创始人叫于东来，他所经营的胖东来超市主要分布在河南二线城市，曾经在许昌以90%的市场占有率和每年50%的销售增长率，成为许昌零售业的行业老大，并且年销售额超过10亿元大关，更是中国商业界的第三大利税大户。他总是强调社会责任，即自己能给员工提供什么价值，给社会提供什么价值。

于东来给员工的工资定得都比较高，而且从2000年开始就把公司的大部分股份都分给了员工，自己只保留了10%，直到现在，公司每年净利润的50%都是拿出来分给员工的。再加上他给员工创造了各项日常生活福利，员工的工作积极性特别高。

此外，他在承担社会责任方面也很积极。1996年，美国航母舰队驶入台湾海峡，当时只是一家烟酒店老板的于东来拿出2万元捐给国家，希望帮助国家造航母。2008年汶川地震，于东来捐款捐物近1000万元，而且他还带领员工到了救灾现场参与救援。2020年抗击疫情，胖东来捐款5000万元。2021年，郑州暴雨，胖东来捐款1000万元，并且派200名员工到现场参与救援……

胖东来这家企业的商业模式和管理模式与我们想象的不一样，它不是以追求利润为第一目标，甚至也不是以追求市场占有率为目标，它是长期致力于占据人心。

胖东来首先为员工负责，然后才能做到对客户负责，从而实现对社会负责。胖东来以它的责任心，给予员工高福利，给予客户极致的服务，这就形成了良心企业的口碑。

作为一家零售企业，每天都要与当地的老百姓打交道。胖东来肩负起责任，先付出，抢占了大众的心智，以至客户能够心甘情愿地接受一定的商品溢价。这就相当于在一个地区构建起和谐的大家庭，企业、员工、客户、供应商都是家人，在情感上形成链接，不再是一手交钱一手交货那么简单，而是将心比心。胖东来创造的利润大多回馈给了社会和员工，拉动了当地的就业和消费力，这就构成了良好的区域商业生态。

企业或者说公司，不只是一个营利的组织，企业经营还是社会资源分配的一种手段，社会资源在企业集合，又从这里传递出去，所以才有了企业办社会、社会办企业的说法。企业与社会、国家，在能量场上是互相补给、互相滋养的关系，是鱼与水的关系。

张謇从实业救国的发心来办企业，就会得到社会各界的支援。企业做大了，就能回馈社会。胖东来作为零售企业，首先做到的不是钱货的交换，而是真心的交换。企业自身先肩负起责任、先付出，然后当地的消费者会自愿地回馈企业。当然，胖东来的这种模式，走出许昌就不好说了，但至少抵挡住了外资零售巨头的竞争。

在这本书里我一直在讲赚钱，我见过很多人赚了钱守不住，或者赚了钱不会花。其实我们应该明白，我们是从这个时代、这个社会赚的钱，作为一个赚到钱的人，尤其是企业家，应该始终坚守一份企业家的担当。